Priv. Doz. Dr. med. Wilhelm Brühl

Hilfe bei Hämorrhoiden

Priv. Doz. Dr. med. Wilhelm Brühl

Hilfe bei Hämorrhoiden

Der Ratgeber für Patienten und Therapeuten

fit fürs Leben Verlag

Die Studien und Erkenntnisse über die Anwendungen in diesem Buch wurden sorgfältig recherchiert und nach bestem Wissen und Gewissen wiedergegeben. Alle Informationen ersetzen aber in keinem Fall ärztlichen Rat und ärztliche Hilfe. Bei erkennbaren Krankheiten ist in jedem Fall ein Arzt aufzusuchen. Der Verlag und der Autor übernehmen keinerlei Haftung für Schäden, die sich durch Anwendung der dargestellten Behandlungsmethoden oder Rezepturen ergeben, und übernehmen auch keinerlei Verantwortung für medizinische Forderungen.

Priv. Doz. Dr. med. Wilhelm Brühl
Hilfe bei Hämorrhoiden
Der Ratgeber für Patienten und Therapeuten

1. Auflage 1998

Herausgeber: Darm Zentrum Exter,
Detmolder Straße 264, 32602 Vlotho-Exter

Titel: Peter Jaruschewski
Gestaltung: Martina Wessels
Lektorat: Britta Kurtz
Druck: Druckservice Rotenburg

Dieses Buch wurde auf chlorfrei gebleichtem Papier gedruckt.

ISBN 3-89526-023-1
Printed in Germany

Inhaltsverzeichnis

Einleitung

Die Hälfte aller Bundesbürger hat mindestens einmal in ihrem Leben Probleme mit Hämorrhoiden. Dennoch war das Thema Hämorrhoiden lange Zeit mit sehr viel Schamgefühl belegt. Salben, Zäpfchen oder eigene Hausmittelchen waren die häufigsten Therapiemaßnahmen, und die Hemmschwelle, einen Arzt aufzusuchen, ist für die meisten Betroffenen sehr hoch. Eher sind sie bereit, sich sehr lange - manchmal Jahre - mit starken Beschwerden zu quälen, die durch fachärztliche Hilfe schnell hätten behoben werden können.

Dieses Buch informiert über Erkrankungen des Enddarms und zeigt die Bedeutung von Beschwerden im After- und Enddarmbereich auf. Sie werden feststellen, daß eine rechtzeitige Untersuchung und Behandlung ernsthafte Erkrankungen nicht nur verhindert, sondern die Abheilung sowohl akuter als auch chronischer Beschwerden ermöglicht.

Anhand Ihrer Beschwerden möchte ich Sie zu den möglichen Krankheitsbildern führen und Ihnen Wege aufzeigen, wie sie selbst oder mit medizinischer Hilfe damit fertig werden können. Es handelt sich keineswegs immer um Hämorrhoiden, wenn Sie Beschwerden haben. In Fallgeschichten können Sie nachlesen, wie andere Betroffene mit diesem heiklen Thema umgegangen sind. Auf die Bedeutung der richtigen Ernährung zur Vorbeugung von Verdauungsstörungen und auf die Wichtigkeit der Analhygiene wird in diesem Zusammenhang besonders eingegangen. In einem Glossar werden die wichtigsten Begriffe aus dem Bereich Darmerkrankungen ausführlich erklärt.

I. Aufbau und Funktion unseres Verdauungssystems

Magen – Darm

Der Beginn unseres Verdauungskanals ist die Mundhöhle. Daran schließt sich die Speiseröhre an, die in den Magen übergeht. Dann beginnt der etwa 2–3 m lange Dünndarm, in den Leber und Bauchspeicheldrüse ihre Verdauungssäfte abgeben. Den anschließenden, etwa 1,5 m langen Dickdarm unterteilt man in den Blinddarm mit Wurmfortsatz, den aufsteigenden - querverlaufenden - und absteigenden Dickdarm und zum Schluß in den S-Darm (Sigma) sowie den End- oder Mastdarm.

Die Funktion von Magens und Darm läßt sich nicht bewußt steuern. Wir können also willentlich keinen Einfluß darauf nehmen, wenn der Darm etwa zu langsam arbeitet, und wir dadurch ständig verstopft sind, oder wenn wir verstärkt mit Durchfall zu tun haben. Das ist auf die Funktion des vegetativen (unbewußten) Nervensystems zurückzuführen.

Verdauung

Unsere Nahrung wird durch die Verdauungssäfte in kleinere Bestandteile zerlegt, die vorwiegend im Dünndarm durch die Darmwand in das Blut aufgenommen werden. Die unverdauten Nahrungsbestandteile - die sogenannten Ballaststoffe - gelangen in Form eines weichen Breis in den Dickdarm. Dort wird diesem Brei Wasser entzogen, so daß daraus ein wohlgeformter Stuhl resultiert. Sobald der Stuhl im Enddarm ankommt, empfindet man Stuhldrang. Das wird durch die in den untersten Teilen des Enddarmes vorhandenen Nervenzellen registriert, die auch in der La-

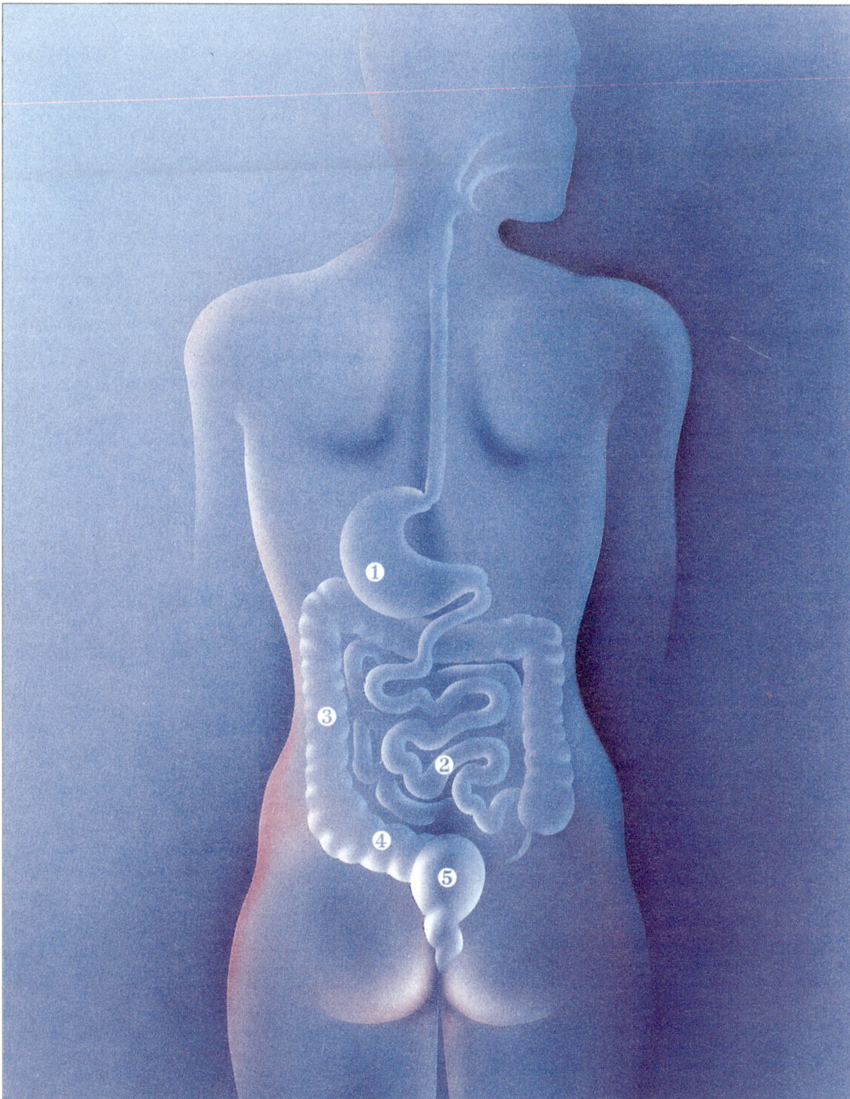

❶ Magen, ❷ Dünndarm, ❸ Dickdarm, ❹ S-Darm, ❺ Enddarm

ge sind, zwischen einer festen, flüssigen oder gasförmigen Stuhlqualität bzw. Winden zu unterscheiden.

Der Stuhldrang läßt sich, bis wir z.B. bequem auf der Toilette sitzen, willentlich unterdrücken, indem wir den After fest zusammenkneifen. Das ermöglichen die Schließmuskeln im Bereich des Afters.

After *(Analkanal)*

Der Analkanal ist etwa 3-5 cm lang und hat die Funktion eines Ventils. Er öffnet sich nach Bedarf und läßt dabei Stuhl oder Winde hindurchtreten, um sich anschließend wieder zu verschließen. Das ermöglichen die ringförmig angeordneten inneren und äußeren Schließmuskeln. Zwischen den beiden Muskelschichten befinden sich die sogenannten Afterdrüsen. Sie spielen bei der Entstehung von Abszessen und Fisteln eine wichtige Rolle.

Die Grenze zwischen After und dem oberhalb gelegenen Enddarm ist eine Art Reißverschluß, der aus zahlreichen kleinen, schwalbennestartigen Vertiefungen (Analkrypten) und Erhöhungen (Analpapillen) besteht. Nur bis zu dieser Linie *(Linea dentata)* sind wir schmerzempfindlich. Oberhalb im Enddarm treten im allgemeinen keine Schmerzen mehr auf. Deswegen machen sich Erkrankungen im Darm, wie z.B. der Darmkrebs, zunächst überhaupt nicht und wenn, dann oft viel zu spät bemerkbar.

Hämorrhoiden

Die Muskulatur ist allein nicht in der Lage, den After absolut dicht abzuschließen. Das ist nur mit Hilfe der bei jedem Menschen vorhandenen Hämorrhoiden möglich. Dabei handelt es sich um Blutgefäße, die den After von innen wie weiche Polster ringförmig auskleiden und sich dicht wie Kissen aneinanderpressen. So können selbst Winde und Durchfall den After nicht ungewollt passieren. Außerdem sind die Hämorrhoiden für die Durchblutung der After- und Genitalregion von Bedeutung.

Analkanal geöffnet

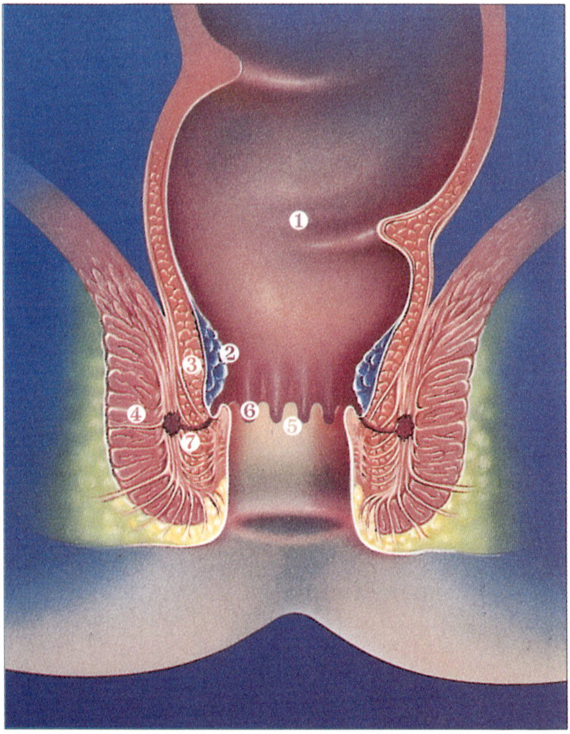

❶ Enddarm
❷ Hämorrhoiden
❸ Innerer Schließmuskel
❹ Äußerer Schließmuskel
❺ Analpapillen
❻ Analkrypten
❼ Afterdrüsen

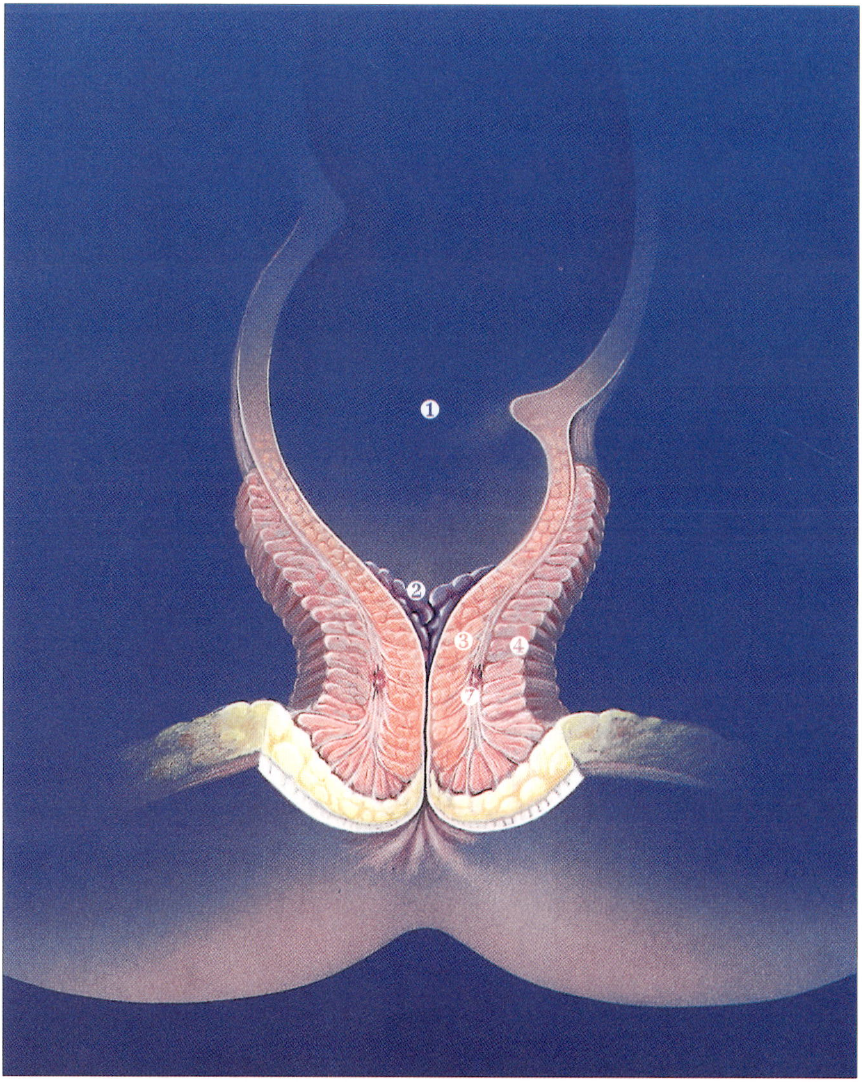

Analkanal geschlossen mit prall gefüllten und den
After abdichtenden Hämorrhoiden

2. Erkrankungen am Darmausgang

Untersuchungsmethoden

Ein ausführliches Gespräch zwischen Arzt und Patient über die bisherige Krankheitsgeschichte ist eine wichtige Voraussetzung für eine erfolgreiche Behandlung. Leider empfinden die meisten Patienten vor der ersten Untersuchung Scham und Furcht. Es ist aber unnötig, vor einer Untersuchung Angst zu haben, denn diese verursacht bei richtiger Durchführung keine nennenswerten Beschwerden.

Der Patient braucht vor dem Arztbesuch keine Vorbereitung oder Vorkehrungen zu treffen. Er muß weder nüchtern erscheinen noch den Darm vorher entleeren. Falls eine Darmspiegelung vorgesehen ist, erhalten Sie auf dem Untersuchungsstuhl einen Einlauf, gehen dann zur Toilette und lassen anschließend die Untersuchung innerhalb weniger Minuten durchführen. Nur bei einer Untersuchung des gesamten Dickdarms mit den letzten Dünndarmabschnitten ist die Darmreinigung aufwendiger.

Untersuchungsbereiche von After und Dickdarm

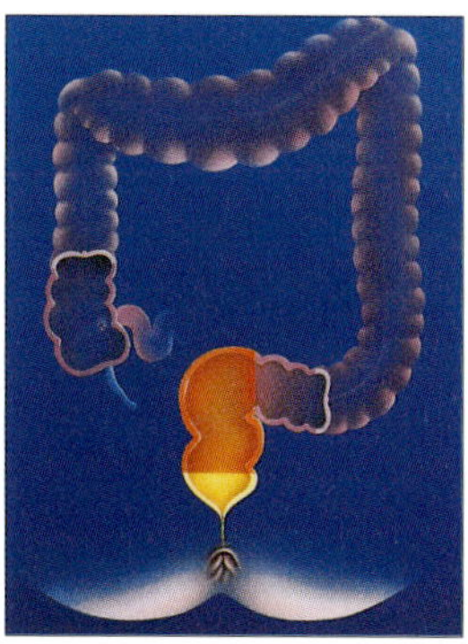

Was wird untersucht?

Der Analkanal und Dickdarm:

Untersuchung mit dem Finger

- Analkanal, Schließmuskel, Vorsteherdrüse, unterster Abschnitt des Enddarms

Untersuchung mit Instrumenten

- mit dem Proktoskop (= Proktoskopie) läßt sich der Analkanal 7–8 cm weit untersuchen
- mit dem Rektoskop (= Rektoskopie) kann der Enddarm bis maximal 30 cm eingesehen werden
- mit dem Koloskop (= Koloskopie) erfolgt die Untersuchung des Dickdarmes

- in manchen Fällen ist es besser, den Darm röntgenologisch darzustellen oder den Enddarm mit Hilfe von Ultraschalluntersuchungen zu beurteilen
- Stuhltest

Der Stuhltest auf nicht sichtbares Blut im Rahmen einer Krebsvorsorgeuntersuchung deutet auf Blutungen hin, die nicht beim Stuhlgang zu sehen sind. Diese Untersuchung sollte ab dem 35. Lebensjahr bei jedem Menschen jährlich durchgeführt werden. Wenn der Test positiv ausfällt, bedeutet das nicht, daß ein Darmkrebs besteht, sondern nur, daß etwas im Darminneren blutet. Die Ursache dieser Blutungen können auch Polypen, Entzündungen, Hämorrhoiden, aber genausogut ein Magengeschwür oder Zahnfleischbluten sein. Die Ursache sollte in jedem Fall geklärt werden.

Untersuchungspositionen

Die Untersuchung kann in mehreren Positionen vorgenommen werden. Am günstigsten ist die *Rückenlage* auf einem speziellen proktologischen Untersuchungsstuhl.* Bei der Vorsorgeuntersuchung in der allgemeinen Praxis wird die *Linkslage* häufig angewandt. Weniger vorteilhaft sind die *Knie-Ellenbogenlage* und die *Knie-Brustlage*.

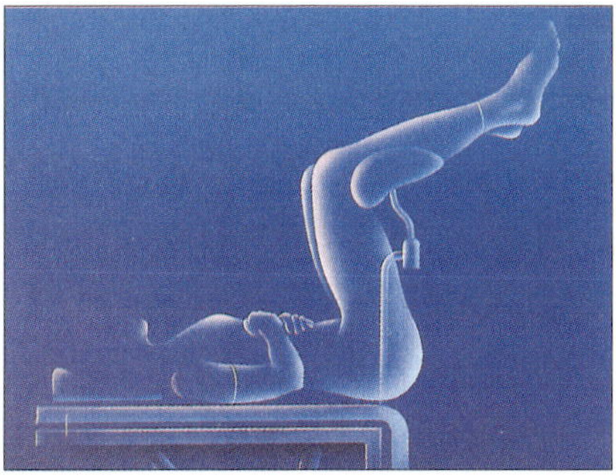

Rückenlage

Linksseitlage

Konservative Behandlungsmethoden

Fast alle After- und Enddarmerkrankungen können ambulant in der proktologischen Praxis und ohne operative Maßnahmen behandelt werden. Das sollte bei richtiger Durchführung immer schmerzlos und vor allem erfolgreich geschehen. Sehr wichtig ist es, bei den einzelnen Erkrankungen nicht nur die Beschwerden zu behandeln, sondern die Ursache zu beseitigen.

** Die Proktologie ist ein Spezialgebiet der Medizin, das sich mit Erkrankungen des Enddarms beschäftigt (griech.: proktos = After, Enddarm)*

Es ist also nicht richtig, z.B. bei blutenden Hämorrhoiden, nur die Blutung zu behandeln. Wenn der Arzt die Ursache der Blutungen herausgefunden hat, kann er sie beheben. Auf diese Weise lassen sich chronische Krankheitsverläufe mit Operationen und längeren Krankenhausaufenthalten vermeiden. Das betrifft auch schon seit Jahren bestehende Beschwerden wie Jucken, Nässen, Brennen, Schmerzen und Blutungen, die dauerhaft zu heilen sind.

Konservative Behandlungsmethoden haben das Ziel, operative Eingriffe zu vermeiden. Sie verlangen eine enge Zusammenarbeit zwischen Arzt und Patient. Der behandelnde Arzt muß sich oft sehr viel Zeit nehmen, um dem Patienten die Notwendigkeit der beabsichtigten Behandlung zu erklären.

Konservative Behandlungsmethoden

- Beckenbodengymnastik mit Schließmuskelübungen
- Schließmuskeldehnung
- Fisteldrainage
- Behandlung mit Salben, Zäpfchen oder Sitzbädern, Verordnung von Tabletten oder Dragees
- Ernährung
- Analhygiene

Der Arzt wird bei den jeweiligen After- und Enddarmerkrankungen versuchen, den ursprünglichen Normalzustand wieder herzustellen. Das betrifft sehr oft erkrankte und vergrößerte Hämorrhoiden.

Hämorrhoiden verursachen nicht nur direkte Beschwerden, sie können über Verschlußstörungen des Afters oder eine schlechte Durchblutung auch andere After- und Enddarmerkrankungen hervorrufen.

Insofern müssen die Hämorrhoiden gelegentlich auch dann behandelt werden, wenn sie selbst gar keine Beschwerden verursachen, aber die Ursache anderer Erkrankungen, wie z.B. eines Analekzems, sind.

Von großer Bedeutung ist, daß der Arzt unter den verschiedenen Behandlungsformen die richtige wählt, z.B.:

Verödung

In den Analkanal, in dem sich keine Nerven mehr befinden, wird die Verödungslösung in die Hämorrhoiden gespritzt. Das ist nicht schmerzhaft; die vergrößerten Hämorrhoiden werden so zum Schrumpfen gebracht und wieder im After fixiert

Gummiringligatur

Vorfallende Hämorrhoiden können mit kleinen Gummiringen abgebunden werden, so daß sie absterben. Das ist ebenfalls nicht schmerzhaft

Infrarotbehandlung

Mit Infrarotlicht werden kleinere Hämorrhoiden behandelt. Besonders bei Blutungen führt dies schnell zum Erfolg. Diese Behandlungsform kann auch mit **Laser** durchgeführt werden

Kältetherapie

Hämorrhoiden können im und außerhalb des Afters zerfroren werden. Diese Methode ist allerdings mit erheblichen Nachteilen behaftet und hat sich in der proktologischen Praxis nicht bewährt

Operative Behandlungsmethoden

Ambulant

In manchen Fällen wird auf operative Maßnahmen zurückgegriffen werden müssen:

- chronische Analfissuren
- vernarbte Marisken
- Feigwarzen
- vorfallende Analpapillen
- Fisteln
- Steißbeinfistel
- Analabszeß
- Analkrypten
- Analrandthrombose
- Darmpolypen
- Hämorrhoiden
- Afterenge

Dies sind kleine chirurgische Eingriffe, die in örtlicher Betäubung oder noch besser in Steißbeinanästhesie vorgenommen werden und zu Hause ohne Bettruhe abheilen.

Stationär

Unter stationären Bedingungen müssen im allgemeinen nur schwere Erkrankungen wie Darmkrebs, ausgeprägte Schließmuskelschwäche, Darmvorfall, ausgedehnte Fistelleiden u.a. operativ versorgt werden. Beim Hämorrhoidalleiden bedarf nur die Behandlung extrem vorfallender Hämorrhoiden eines Krankenhausaufenthaltes.

3. Wegweiser zu den Krankheitsbildern

Erkrankungen im Bereich des Afters können für viele Menschen zu einem großen Problem werden. Dafür sind unterschiedliche Ursachen (Schamgefühl, Angst vor der Behandlung usw.) verantwortlich. Insofern steht die Eigenbehandlung proktologischer Erkrankungen »hoch im Kurs«. Auf der anderen Seite muß man wissen, daß die meisten Erkrankungen auf eine bestimmte Ursache zurückzuführen sind, und es nicht genügt, nur eine Behandlung mit Zäpfchen vorzunehmen, ohne die eigentliche Ursache zu beseitigen. Das kann zu keinem dauerhaften Erfolg führen.

Unabhängig von solchen Überlegungen sollte immer erst die Diagnose gestellt werden, bevor man mit der Behandlung beginnt. Dabei zeichnen sich proktologische Erkrankungen durch sehr typische Beschwerden aus. In den meisten Fällen lassen sie sich ohne aufwendige Untersuchungen diagnostizieren und gut gegeneinander abgrenzen. Nur bei längeren Krankenhausaufenthalten können sich die Symptome verändern, so daß der typische Schmerzcharakter verschwindet. Aber auch in solchen Fällen lassen sich die Beschwerden eigentlich immer beseitigen, und man kann die Patienten von einem lästigen, oft hartnäckigen Leiden befreien.

Die folgende Übersicht soll Ihnen helfen, herauszufinden, welche Ursachen Ihre Beschwerden haben könnten. Meist sind es mehrere Erkrankungen, die dafür in Frage kommen. Eine fachärztliche Untersuchung wird Klarheit bringen und eine gezielte Behandlung ermöglichen. Dieser Wegweiser ermöglicht Ihnen nicht, Selbstdiagnosen zu erstellen und ohne ärztliche Untersuchung eine Behandlung vorzunehmen. Das kann zu verhängnisvollen Fehldeutungen führen (z.B. bei Darmkrebs), wenn es zu spät erkannt und nicht mehr gutzumachen ist. Suchen Sie also bitte unbedingt einen Arzt auf, wenn Sie Symptome oder Veränderungen am Stuhl feststellen.

Häufige Beschwerden im After und Enddarm

Seite:	Blut	Nässen, Schmieren, Schleim, Eiter	Schmerzen im Analbereich	Jucken, Brennen
26	Afterenge		Afterenge	
83			Afterkrampf	
59	Afterkrebs	Afterkrebs	Afterkrebs	
29	Afterriß	Afterriß	Afterriß	
34			Analabszeß	
36	Analekzem	Analekzem		Analekzem
40	Analfistel	Analfistel		Analfistel
43	Analkrypten entzündet	Analkrypten entzündet	Analkrypten entzündet	
45		Analpapillen vergrößert		
47	Analrand-Thrombose		Analrand-Thrombose	

Knotenbildung	Veränderte Stuhlkonsistenz	Fremdkörpergefühl, anhaltender Stuhldrang, Gefühl einer unvollständigen Entleerung	Druck/ Schmerz im Leib
		Afterenge	
Afterkrebs	Afterkrebs	Afterkrebs	
Afterriß			
Analabszeß		Analabszeß	
		Analkrypten entzündet	
Analpapillen vergrößert			
Analrand-Thrombose			

Seite:	Blut	Nässen, Schmieren, Schleim, Eiter	Schmerzen im Analbereich	Jucken, Brennen
49			Beckenboden-tiefstand	
51	Chronisch entzündl. Darmerkrankungen	Chronisch entzündl. Darmerkrankungen		
58	Darmkrebs	Darmkrebs	Darmkrebs	
54	Darmpolypen			
84				
62		Darmvorfall		Darmvorfall
64	Darmwandbrüche			
66		Feigwarzen	Feigwarzen	Feigwarzen
68	Hämorrhoidalleiden	Hämorrhoidalleiden	Hämorrhoidalleiden	Hämorrhoidalleiden
72		Hautfalten		Hautfalten
75				
78		Schließmuskel-schwäche		Schließmuskel-schwäche
81		Steißbeinfistel	Steißbeinfistel	Steißbeinfistel
86			Steißbeinschmerz	

Knotenbildung	Veränderte Stuhlkonsistenz	Fremdkörpergefühl, anhaltender Stuhldrang, Gefühl einer unvollständigen Entleerung	Druck/ Schmerz im Leib
		Beckenboden-tiefstand	
	Chronisch entzündl. Darmerkrankungen	Chronisch entzündl. Darmerkrankungen	Chronisch entzündl. Darmerkrankungen
	Darmkrebs	Darmkrebs	Darmkrebs
	Darmpolypen		Darmpolypen
		Darmverschluß	Darmverschluß
Darmvorfall		Darmvorfall	
	Darmwandbrüche		Darmwandbrüche
Feigwarzen		Feigwarzen	
Hämorrhoidalleiden		Hämorrhoidalleiden	
Hautfalten			
	Reizdarm		Reizdarm

Afterenge *(Analstenose)*

Beschwerden

- Schmerzen beim Stuhlgang
- Stuhlsäulendurchmesser nur bleistiftdick
- Blut auf dem Stuhl und am Toilettenpapier bei Einrissen der Afterwand
- zunehmende Schwierigkeiten, besonders breiigen Stuhl unter Kontrolle zu halten, weil sich der starrwandige Analkanal nicht mehr genügend zusammenkneifen läßt

Was ist eine Afterenge?

Bei dieser Erkrankung ist der After nicht genügend dehnbar, um einen normal geformten Stuhl hindurchtreten zu lassen. Selbst wenn der Stuhl nur bleistiftdick ist, führt er trotzdem zu Schmerzen beim Stuhlgang.

Der After kann durch Narben (z.B. nach Operationen) chronisch verengt sein. Dieser Zustand läßt sich nur schwer verbessern. Möglicherweise handelt es sich aber auch um eine vorübergehende Verkrampfung des Afters, die sich leicht wieder beseitigen läßt. Das ist z.B. bei einer Analfissur oder anderen schmerzhaften Einrissen im Analkanal der Fall. Dann sollte man diese Wunden als auslösende Ursachen behandeln, weil die Verkrampfung sonst zu einem Dauerzustand werden kann.

Wie entsteht eine Afterenge?

- Narben nach Operationen oder Verletzungen
- Verkrampfungen bei schmerzhaften Aftererkrankungen (z.B. Analfissur)
- ungenügende Dehnung bei ständig breiigem Stuhl in Folge von:
    - regelmäßigem Abführmittelgebrauch
    - Reizdarm
    - chronisch entzündlichen Darmerkrankungen
    - Ernährungsfehlern

Was können Sie selbst tun?

Am wichtigsten ist es, dafür zu sorgen, daß der Analkanal durch den Stuhl regelmäßig gedehnt wird. Deswegen sollte der Stuhl nicht zu breiig oder durchfallartig sein. Die Stuhlfestigkeit ist in erster Linie von der Ernährung abhängig. Mit einer ballaststoffreichen Kost (Seite 87) und reichlich Flüssigkeit ist das fast immer zu schaffen. Damit läßt sich im allgemeinen ein gut geformter Stuhl erreichen.

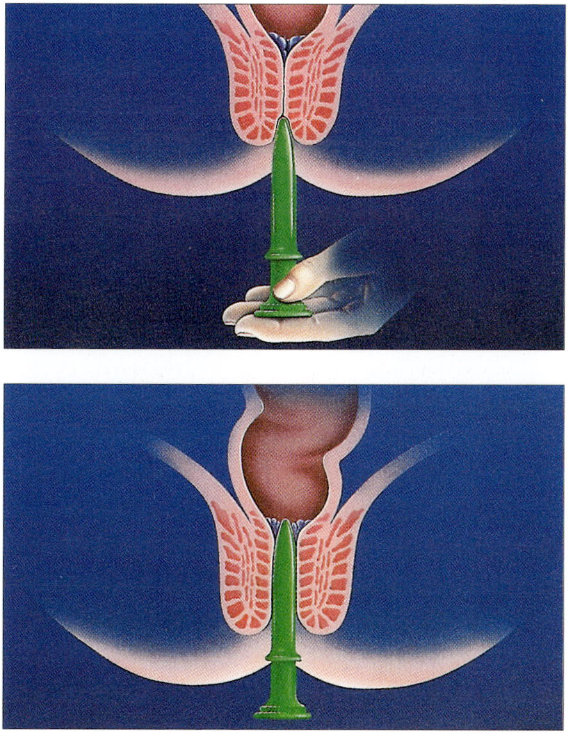

Anwendung eines Analdehners

Wenn das allein nicht zum Erfolg führt, wird Ihnen der Arzt einen kegelförmigen Analdehner verordnen, mit dem Sie versuchen müssen, den After allmählich zu weiten. Das ist anfangs meist etwas unangenehm und kann auch Schmerzen verursachen. Sie brauchen die Dehnungsbehandlung aber nicht zu erzwingen oder zu glauben, daß Sie den Analdehner bereits am Anfang ganz in den After einführen müssen. Besser ist es, vor allem wenn Sie dabei Schmerzen haben, die Behandlung drei- bis viermal pro Tag in kleinen Schritten vorzunehmen und eventuell mit einem kleineren Analdehner zu beginnen, den Sie vorher mit Salbe bestreichen. Sie sollten sich dazu entspannt auf das Bett legen. Für Rechtshänder empfiehlt es sich, das in Linksseitenlage mit angezogenen Beinen zu tun und die Behandlung etwa 2–3 Minuten lang durchzuführen. In den meisten Fällen wird sich nach 8–14 Tagen der Analdehner immer weiter in den Analkanal einführen lassen, so daß die vorher bestandenen Beschwerden weitgehend oder auch vollständig abklingen.

Wie hilft der Proktologe?

Falls die Dehnungsbehandlung mit dem Analdehner nicht zu einer Besserung führt, wird der Arzt versuchen, den Analkanal schmerzlos zu dehnen. Dabei sprengt er kleinste Narben, ohne den Schließmuskel zu verletzen. Es besteht kein Grund zur Sorge, daß der Schließmuskel anschließend nicht mehr voll funktionsfähig ist. In manchen Fällen muß die Verengung operativ beseitigt werden, indem die Narben sorgfältig aus dem Analkanal herausgeschnitten werden. Das ist ein komplizierter Eingriff, bei dem vor allem verhindert werden muß, daß sich mit der Abheilung neue Narben bilden.

Afterriß *(Analfissur)*

Was ist ein Afterriß?

Ein Afterriß ist ein länglicher, schlecht heilender Riß im Analkanal, der meist zum Steißbein hin gelegen ist. Am äußeren Rand der Wunde kann sich ein kleiner, schmerzhafter Knoten entwickeln. Die Analfissur läßt sich im allgemeinen durch ein Spreizen der Gesäßhälften sichtbar machen (siehe Abbildung). Gelegentlich spricht man auch von einem Darmriß. Das ist aber nicht richtig, weil der Darm bei dieser Erkrankung nicht eingerissen ist.

Beschwerden
- starker Schmerz bei und nach dem Stuhlgang
- krampfhafte Verengung des Afters
- bleistiftdünner Stuhl
- leichte Blutung

Wie entsteht ein Afterriß?

Ein plötzlich auftretender, harter Stuhl kann zum Einreißen der Wand des Analkanals führen. Das kommt häufig vor, wenn der Stuhl bis dahin sehr breiig war und den After niemals richtig gedehnt hat. Auch vergrößerte Hämorrhoiden, die zu einer schlechten Durchblutung des Afters führen, begünstigen das Auftreten einer Fissur.

Jede Analfissur führt in Folge der Schmerzen zu einer Verkrampfung des Afters und damit zu einer Verminderung der Durchblutung. Daher heilt die Fissur meist nicht von selbst ab.

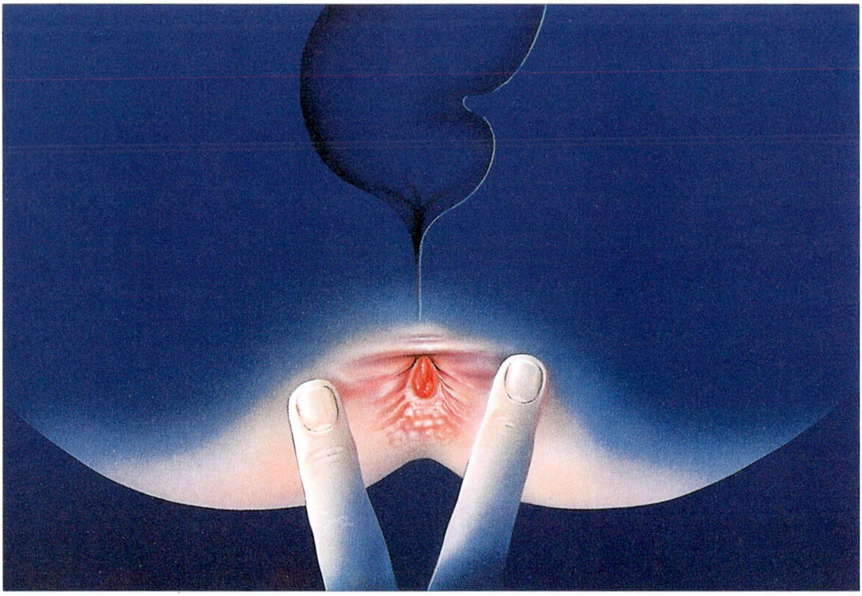

Afterriß

Die Fissur kann sich auch in die Tiefe ausdehnen und zu einem kleinen, 1–2 cm langen Kanal führen. Man nennt das eine blinde innere **Fistel.** Dadurch ändern sich die Beschwerden. Es treten zwar weiterhin Schmerzen auf, aber oft erst 10–15 Minuten nach dem Stuhlgang, die dann mehrere Stunden anhalten können. Das ist darauf zurückzuführen, daß sich der Stuhl in der blinden Fistel festsetzt und so die Beschwerden verursacht.

Was können Sie selbst tun?

Es ist wichtig, die Verkrampfung des Afters zu beseitigen, um dadurch die Durchblutung zu verbessern und so die Abheilung der Fissur zu ermöglichen. Man erreicht das mit Hilfe von:

Verkrampfung des Afters beseitigen

- Analdehnern
- warmen Sitzbädern
- einmassieren von Salbe in die Fissur mit dem Finger
- Analtampons
- geformtem Stuhl

Wie hilft der Proktologe?

Der Afterkanal wird einschließlich des Schließmuskels in örtlicher Betäubung zur Beseitigung der Verkrampfung geweitet. Gegebenenfalls werden vergrößerte Hämorrhoiden behandelt, um die Durchblutung zu verbessern. Erst wenn diese Maßnahmen nicht zum Erfolg führen, wird der Riß operativ entfernt. Das ist ein kleiner, ambulant durchzuführender Eingriff. Er sollte immer - auch schon bei seit Jahren bestehenden Beschwerden - zum Erfolg führen und den Patienten beschwerdefrei machen.

Sophia E., 56 Jahre, litt unter einer Analfissur

Seit vielen Jahren berichtete die Patientin immer wieder über Schmerzen beim und nach dem Stuhlgang. Obwohl sie sich bemühte, den Stuhl immer breiig zu halten, traten die Beschwerden mit jedem Stuhlgang auf.

Ihre Angst, auf Toilette zu gehen, wuchs immer mehr, und sie unterdrückte ihren Stuhldrang weitestgehend, so daß sie sich nur alle 2–3 Tage entleerte. Nach dem Stuhlgang stellten sich regelmäßig Schmerzen ein, die mehrere Stunden anhielten und sie so ablenkten, daß sie ihrer Arbeit nicht mehr konzentriert nachgehen konnte.

Bei der Untersuchung fand sich ein schmaler, kleiner Einriß im Analkanal mit einer winzigen, fistelartigen Vertiefung. In dieser Vertiefung war es besonders breiigem Stuhl sehr leicht möglich, sich festzusetzen und den ganzen Tag über Beschwerden zu verursachen.

Der Patientin wurde geraten, neben der Therapie mit Salben und Zäpfchen den Stuhl eher fester als zu weich zu halten. Das gelang Frau E. Der festere Stuhl konnte sich nicht mehr in dem Riß festsetzen, so daß die Veränderungen sehr schnell abheilten, und die Patientin wieder vollkommen beschwerdefrei wurde.

Walter H., 41 Jahre, litt unter einer chronischen Fissur

Der Patient litt ebenfalls seit Jahren unter ständigen starken Schmerzen bei und nach dem Stuhlgang. Bei ihm führte weder die Behandlung mit Salben und Zäpfchen, Sitzbädern oder anderen Maßnahmen noch ein wohlgeformter Stuhl zu einer Besserung. Zwar klangen die Beschwerden gelegentlich etwas ab, aber jeder Stuhlgang zog mindestens 1–2 Stunden lang ein Brennen und Stechen im After nach sich.

Die Untersuchung zeigte eine chronische Fissur mit Narben und tiefen Einbuchtungen, so daß durch konservative Maßnahmen keine folgenlose Abheilung erreicht werden konnte. Der Patient war aufgrund seines langjährigen Krankheitsverlaufes so verzweifelt, daß er umgehend einer ambulanten Operation zustimmte. Unter örtlicher Betäubung wurden die Narben entfernt, wodurch die Heilung des Afterrisses erst möglich wurde.

In der ersten Woche empfand Walter H. zwar weiterhin Schmerzen beim Stuhlgang, aber in den folgenden Wochen schwächten sie sich immer mehr ab, und die Wunde heilte ab.

Der Patient ist heute überglücklich und kann nicht verstehen, warum er sich jahrelang mit diesem Leiden abgefunden hatte.

Analabszeß

Beschwerden

- langsam zunehmende, dumpfe Schmerzen
- erhöhte Temperatur
- Schüttelfrost
- allgemeines Krankheitsgefühl

Was ist ein Analabszeß?

Ein Analabzeß ist eine eitrige Entzündung in der näheren Umgebung des Afters. Der Abszeß kann dicht unter der Haut, aber auch tief im Gewebe auftreten. Oft ist es nicht einfach, den Abszeß rechtzeitig zu erkennen. Besonders im Anfangsstadium, wenn sich die Beschwerden noch nicht voll entwickelt haben, kann die richtige Diagnose Schwierigkeiten bereiten. Das ist auch bei sehr tief im Gewebe liegenden Abszessen der Fall.

Wie entsteht ein Analabszeß?

Bei einem Analabszeß sind die Ursachen nicht eindeutig. Denkbar ist, daß Durchblutungsstörungen zu eitrigen Entzündungen im Bereich der Afterdrüsen führen. Dadurch kann sich eine manchmal faustgroße Eiteransammlung entwickeln. Seltener entsteht ein Abszeß im Verlauf einer chronisch entzündlichen Darmerkrankung (z.B. bei Morbus Crohn).

Was können Sie selbst tun?

Sie sollten umgehend einen Arzt aufsuchen, da Behandlungen mit Zugsalben, Rotlicht oder Sitzbädern nicht zum Erfolg führen. Vor allem sollten Sie nicht versuchen, durch eigene Behandlungsmaßnahmen den Abszeß »reif« werden zu lassen, so daß er von selbst aufgeht. Je länger der Eiter im Gewebe ist, um so eher ist mit Komplikationen, vor allem mit einer Zerstörung der Schließmuskulatur und dem späteren Auftreten von Analfisteln (Seite 40) zu rechnen.

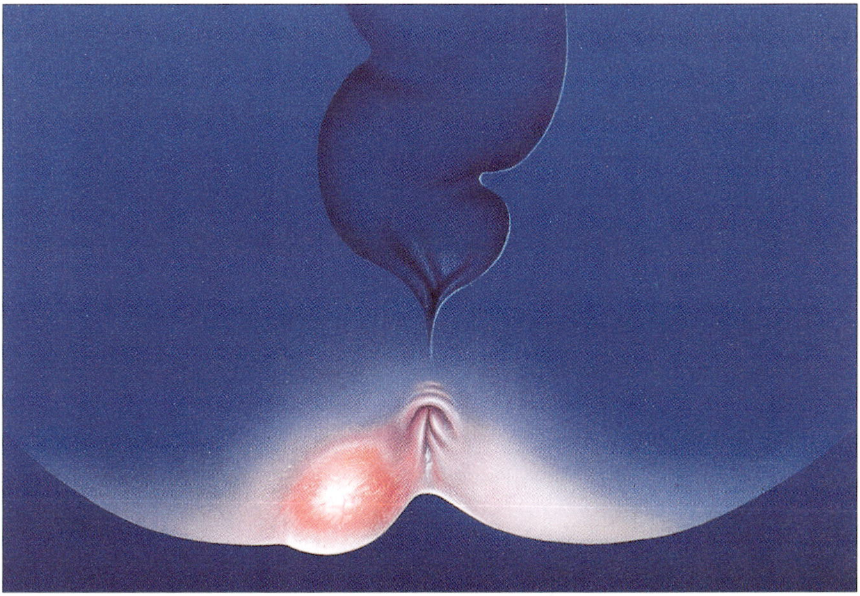

Analabszeß

Wie hilft der Proktologe?

Der Abszeß muß möglichst schnell geöffnet werden. Das läßt sich ohne Schwierigkeiten ambulant und schmerzlos durchführen. Die entzündlichen Veränderungen werden großzügig ausgeräumt, und somit wird eine Abheilung der Erkrankung möglich. Dieses Vorgehen beugt dem Auftreten weiterer Abszesse und Analfisteln am besten vor. Nach dem Eingriff ist der Patient bis auf den Wundschmerz beschwerdefrei! Die Abheilung der Wunde kann 6–8 Wochen in Anspruch nehmen. In dieser Zeit sollte man lauwarme Sitzbäder machen und mit Vorlagen aus Zellstoff, Mull oder Watte die Wunde trocken halten.

Analekzem

Was ist ein Analekzem?

Beschwerden
- Jucken, verstärkt nachts
- Brennen
- Nässen, Schmieren
- Blutspuren am Papier und in der Wäsche

Ein Analekzem ist eine entzündliche Hautveränderung im Bereich des Afters, an der Pilze und Bakterien beteiligt sein können. Die Haut ist gerötet und weist eventuelle Schrunden und kleine, nässende Wunden auf.

Solche Veränderungen sind oft am stärksten in der Gesäßfurche ausgeprägt. Dort wird die Haut am wenigsten belüftet und ist besonders bei übergewichtigen Menschen mit einem tiefliegenden, trichterförmigen After meist eine sehr empfindliche Stelle. Im Sommer, wenn man stark schwitzt, klingen die Beschwerden oft überhaupt nicht mehr ab. Dann stellen sich leicht chronische Hautveränderungen ein und lassen auch bei einer noch so guten Behandlung und sorgfältigen Pflege eine ständige Überempfindlichkeit zurück.

Wie entsteht ein Analekzem?

Die häufigsten Ursachen für das Auftreten eines Analekzems

- falsche Analhygiene (Seite 108)
- Schließmuskelschwäche
- zu weicher und breiiger Stuhl (Seite 107)
- Hämorrhoiden
- Analfistel
- Afterriß
- Marisken (Hautfalten)
- Feigwarzen

Manchmal liegt auch eine Überempfindlichkeit gegenüber bestimmten Substanzen wie Salben, Intimsprays, Seifen,

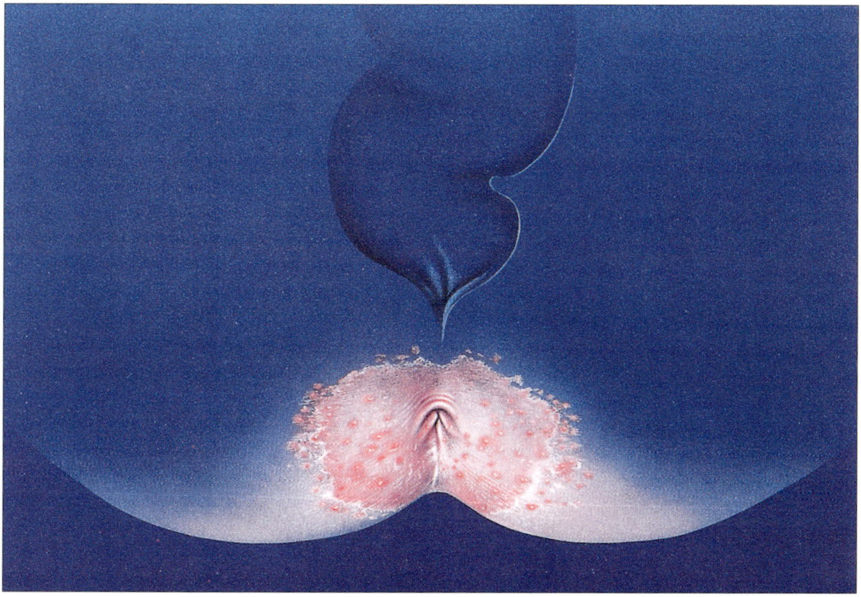

Analekzem

Wäsche u.a. vor. Darüber hinaus haben viele Menschen eine sehr empfindliche Haut, die schon bei dem ersten durchfallartigen Stuhl oder Schwitzen sich entzündlich verändert und zu Beschwerden führt. Das ist meist bei blonden oder rothaarigen Menschen der Fall.

Was können Sie selbst tun?

Analhygiene

- Reinigen mit Wasser, ohne Seife und vorsichtig trockentupfen
- stärkeres Reiben - besonders mit hartem Toilettenpapier - muß vermieden werden, sonst entstehen gerade bei einer empfindlichen Haut leicht Verletzungen und anhaltende Beschwerden

Was können Sie selbst tun?

- kleine Wattebäusche zwischen die Gesäßhälften legen. Damit verhindert man das Aneinanderreiben der Haut sowie eine stärkere Schweißbildung. Wenn die Watte feucht wird, sollte sie unbedingt gewechselt werden. Manchmal muß das 2-3mal pro Tag geschehen
- auf eine sorgfältige Analhygiene achten (Seite 108)

Wie hilft der Proktologe?

Im Vordergrund steht die Behandlung und Beseitigung der genannten Ursachen. Erst danach kann eine gezielte Behandlung mit Salben, Sitzbädern und Tinkturen einen dauerhaften Erfolg bringen. So wäre es ein Fehler, ausschließlich den Juckreiz zu behandeln. Das führt zwar zu einer vorübergehenden Besserung, aber sobald die Behandlung beendet ist, beginnen die Beschwerden erneut.

Anna W., 67 Jahre, litt 10 Jahre unter einem Analekzem

Die Patientin hatte seit mehr als 10 Jahren unter unerträglichem Jucken, Brennen und Stechen im Bereich der äußeren Analregion zu leiden. Sie wurde mit vielen verschiedenen Salben und Zäpfchen, aber auch mit eigenen Hausrezepten behandelt. Diese Maßnahmen führten – wenn überhaupt – immer nur zu einem vorübergehenden Erfolg. Auch die Verabreichung kortisonhaltiger Substanzen brachte keine wirkliche Heilung des Ekzems.

Besonders unglücklich war Anna W. darüber, daß sie nicht mehr wan-

dern konnte. In früheren Zeiten hatte sie mit ihrem Ehemann fast jedes Wochenende eine 20 bis 30 km lange Wanderung unternommen; daran war jetzt überhaupt nicht mehr zu denken. Schon nach wenigen Kilometern war ihr Gesäß durch das Laufen wundgescheuert, so daß das Ehepaar seine Wochenenden hauptsächlich vor dem Fernsehapparat verbrachte.

Bei der Untersuchung der etwas übergewichtigen Patientin war auffällig, daß ihre Gesäßhälften wie ein Trichter großflächig aufeinanderlagen. Genau in dem Bereich, wo sich die Gesäßhälften berührten, war die Haut intensiv gerötet und durch zahlreiche kleinste Einrisse und oberflächliche Geschwüre verändert.

Anna W. wurde geraten, auf sämtliche äußere Anwendungen wie Salben und Zäpfchen zu verzichten und statt dessen ständig kleine Wattevorlagen zwischen den Gesäßhälften vor dem After tragen. Die Wattebäuschchen lassen die Haut atmen, so daß sie nicht bei jeder Bewegung aneinanderreibt.

Diese relativ einfache Hilfsmaßnahme führte zu einer Abheilung der Hautveränderungen sowie zu einem Rückgang der Beschwerden. Die Patientin kann heute wieder mit großer Begeisterung ihrer Wanderleidenschaft nachgehen und schreibt mir von jedem Ausflug eine Karte.

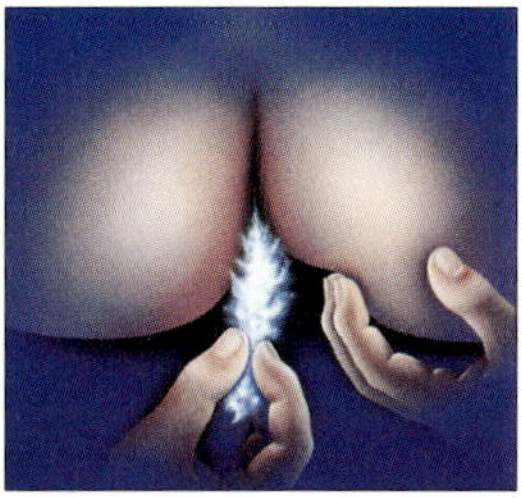

Vorlage mit Wattebäuschchen

Analfistel

Beschwerden
- Nässen, Schmieren
- Eitern
- Wäscheverschmutzung
- Blutspuren
- begleitendes Anal-ekzem
- Druckschmerz
- Fremdkörpergefühl

Was ist eine Analfistel?

Fisteln sind röhrenförmige Gänge, die bei entzündlichen oder eiternden Erkrankungen auftreten können. Analfisteln stellen die Verbindungen zwischen dem unteren Enddarm oder dem Analkanal und der äußeren Umgebung des Afters dar. Es braucht nur ein Gang vorzuliegen, es können aber auch mehrere, miteinander verbundene Gänge sein. Daraus können zahlreiche äußere Fistelöffnungen beiderseits des Afters entstehen. Wenn sich die Fistel bis zur Scheide ausdehnt, spricht man von einer Rektum-Scheidenfistel.

Wie entsteht eine Analfistel?

Analfisteln treten meist als Folge eines Analabszesses auf, der sich über die Fistelgänge entleert. In diesem Fall geht dem Auftreten der Fistel eine sehr schmerzhafte Erkrankung - nämlich der Abszeß - voraus.

Die Fistel kann sich aber auch fast unbemerkt entwickeln und deutet sich nur durch eine ständig feucht-verschmutzte Afterumgebung und einer meist verunreinigten Wäsche an. Das findet man u.a. bei chronisch entzündlichen Darmerkrankungen, wie z.B. dem Morbus Crohn. Auch nach Operationen im After- oder Enddarmbereich kann es zum Auftreten dieser Fisteln kommen.

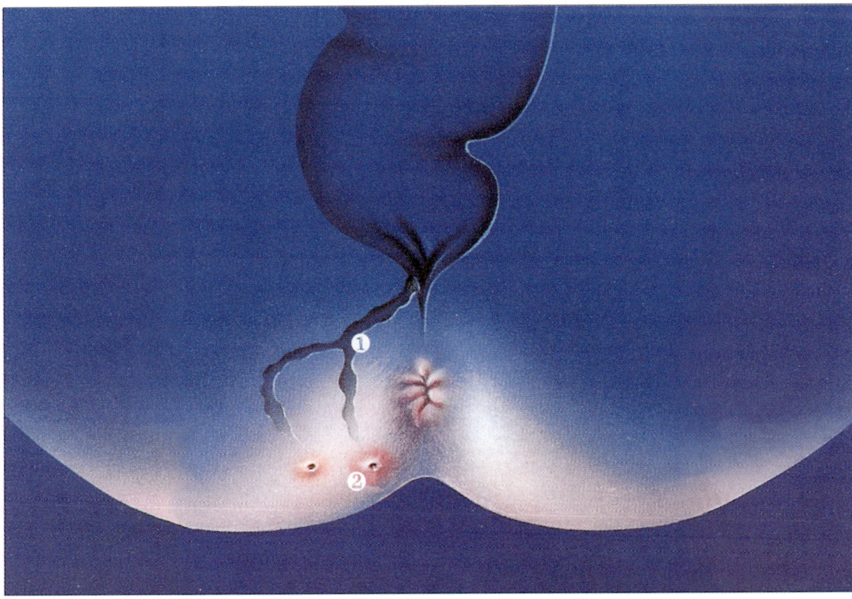

❶ innere Fistelöffnung
❷ äußere Fistelöffnungen

Was können Sie selbst tun?

Bis eine Fistel ärztlich versorgt wird, sollten Eiter und Feuchtigkeit durch Wattebäusche und Analvorlagen abgefangen werden. Sonst wird die Haut um den After ständig gereizt und führt zu einem hartnäckigen Analekzem mit oft unerträglichem Juckreiz.

Von allein heilt die Fistel nicht ab. Auch Sitzbäder oder Salben helfen nicht. In jedem Fall sollten Sie einen Arzt aufsuchen, weil sich die Fistel ausdehnen kann und dann eine Zerstörung der Schließmuskulatur verursacht. Außerdem stellt die Fistel einen ständig entzündlichen Herd im Organismus dar, der zu einer Miterkrankung anderer Organe führen kann.

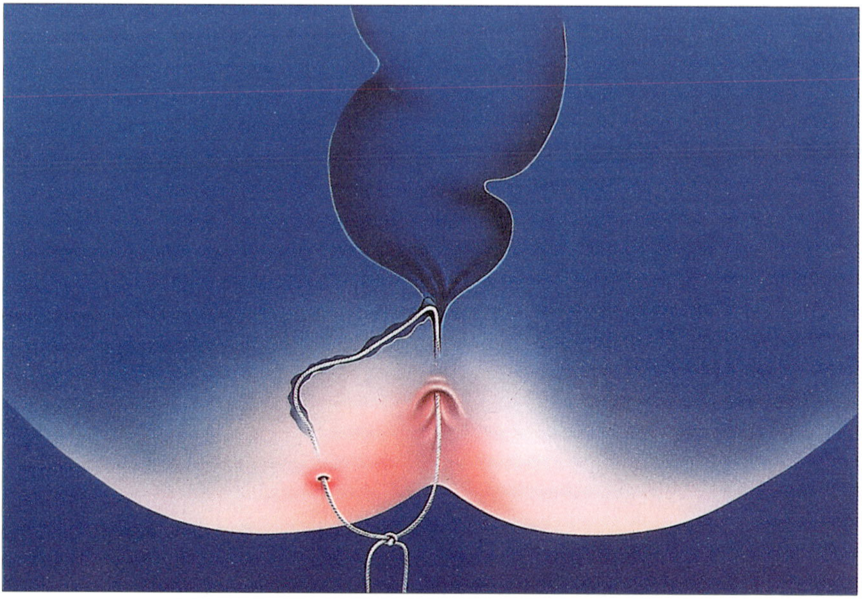

Fadendrainage bei einer Analfistel

Wie hilft der Proktologe?

Die meisten Fisteln können ambulant operiert werden. Bei einigen Fisteln kann auf eine Operation verzichtet und die konservative Behandlung mit einem Faden vorgenommen werden. Dabei wird in die Fistel ein Faden eingelegt, der zu einer lockeren Schlaufe verknotet wird (siehe Abbildung). Das ist nicht schmerzhaft und führt in vielen Fällen nach mehreren Wochen bis Monaten zu einem Austrocknen der Fistel. So läßt sich eine Operation mit möglicher Verletzung des Schließmuskels vermeiden. Diese Behandlung setzt allerdings Geduld seitens des Patienten und einen erfahrenen Arzt voraus.

Analkrypten, entzündet *(Kryptitis)*

Was ist eine entzündete Krypte?

Die taschenartigen Krypten befinden sich im Analkanal (siehe Abbildung auf Seite 12). Diese Krypten sind linsengroß und liegen bei jedem Menschen etwa 2–3 cm tief im Analkanal. Es befinden sich ungefähr 10–15 dieser kleinen Taschen im After, die ihn kreisförmig von innen auskleiden. Entzündlich erkrankte Krypten sind sehr druckempfindlich. Das macht sich nach dem Stuhlgang, aber auch beim Abtasten bemerkbar.

Beschwerden

- lang anhaltender, dumpfer Schmerz, meist nach dem Stuhlgang
- oft treten die Schmerzen auch erst 1 bis 2 Stunden nach dem Stuhlgang auf und können den ganzen Tag anhalten
- Nässen und Schmieren sind seltene Begleiterkrankungen
- Blutungen treten kaum auf

Wie entstehen Entzündungen an den Analkrypten?

Ständig breiiger bis durchfallartiger Stuhl, der sich leicht in den Taschen festsetzt, kann das Auftreten solcher Entzündungen verursachen. Durchblutungsstörungen, z.B. bei einem Hämorrhoidalleiden, können sie begünstigen. Es ist allerdings auch für einen Arzt schwierig, die Diagnose mit Sicherheit zu stellen; vor allem, wenn nicht nur eine, sondern mehrere Krypten entzündlich erkrankt sind.

Was können Sie selbst tun?

Selbsthilfe bei entzündeten Analkrypten

- sorgen Sie für geformten Stuhl, da ein fester Stuhl sich nicht so leicht in den Krypten festsetzt
- Schließmuskelübungen begünstigen das Abklingen der Entzündungen, denn die Durchblutung wird dadurch verbessert
- das gleiche Ergebnis wird mit einer Fingermassage erzielt, die dort vorgenommen werden sollte, wo die Schmerzen am stärksten sind. Tun Sie ein wenig Salbe auf die Fingerkuppe, das erleichtert die Behandlung

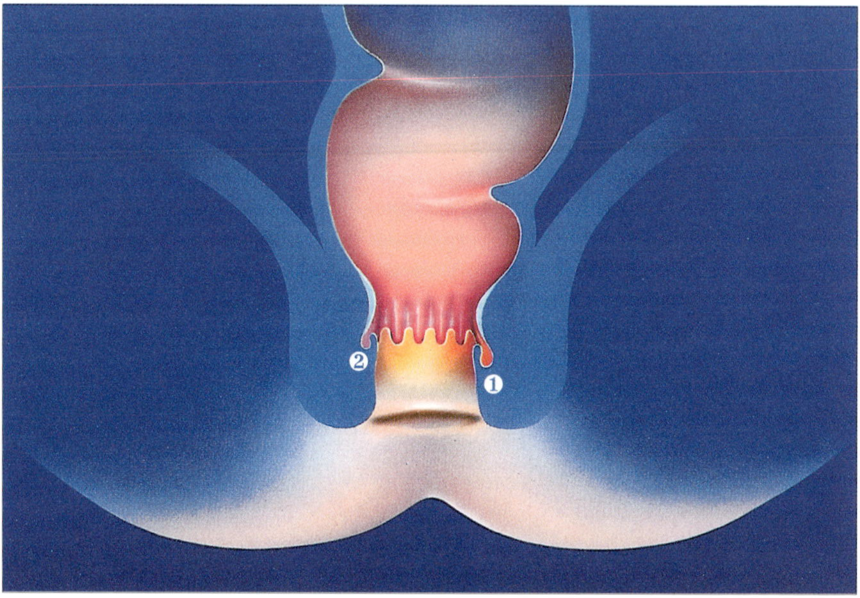

❶ entzündete und vertiefte Analkrypte, ❷ gesunde Analkrypte

Wie hilft der Proktologe?

Es empfiehlt sich eine gezielte Behandlung mit Analtampons, Zäpfchen, Salben und Analdehner. Erkrankte Hämorrhoiden sollten mitbehandelt werden. In ernsthaften Fällen werden die Krypten operiert. Die Abheilung der *Kryptitis* ist dringend erforderlich, da sonst Abszesse oder Fisteln auftreten können.

Analpapillen, vergrößert *(Hypertrophierte Analpapillen)*

Was sind vergrößerte Analpapillen?

Analpapillen sind zwischen den Analkrypten gelegene stecknadelkopfgroße Knötchen (siehe die Abbildung auf Seite 46). Wenn sie sich vergrößern, spricht man von hypertrophierten Analpapillen. Sie können Erbs- bis Kirschgröße erreichen. Kleine hypertrophierte Analpapillen werden oft bei der Vorsorgeuntersuchung im Analkanal getastet. Größere Papillen können beim Stuhlgang, aber auch bei körperlichen Anstrengungen aus dem After heraustreten. Sie können sehr lästig sein und werden wie ein Fremdkörper zwischen den Gesäßhälften empfunden. Im allgemeinen lassen sie sich aber wieder zurückdrücken.

Beschwerden
- meistens keine
- selten:
  - Fremdkörpergefühl
  - Druckschmerz
  - anhaltender Stuhldrang
  - Hervortreten beim Stuhlgang
  - Nässen
  - Schleim
  - Juckreiz

Wie entstehen vergrößerte Analpapillen?

Als Ursache kommen Entzündungen in der näheren Umgebung, besonders in den benachbarten Krypten, in Frage. Auch bei Verletzungen im Analkanal (z.B. bei einem Afterriß) oder nach Operationen kann es zum Auftreten von hypertrophierten Analpapillen kommen. Man spricht auch von sogenannten Analpolypen. Es besteht bei ihnen im Gegensatz zu den echten Darmpolypen aber nicht die Gefahr, daß sie bösartig werden.

Was können sie selbst tun?

- wenn die Analpapillen den Verschluß stören und dadurch nässen oder schmieren, sollte man kleine Analvorlagen oder Wattebäusche vor dem After zwischen den Gesäßhälften tragen

Was können Sie selbst tun?

- Wenn sie so groß geworden sind, daß sie sich aus dem After herausdrücken, muß man sie vorsichtig wieder zurückdrücken. Das verursacht im allgemeinen keine Beschwerden. Wenn das doch der Fall sein sollte, handelt es sich nicht um vergrößerte Analpapillen, sondern um Knoten anderer Art

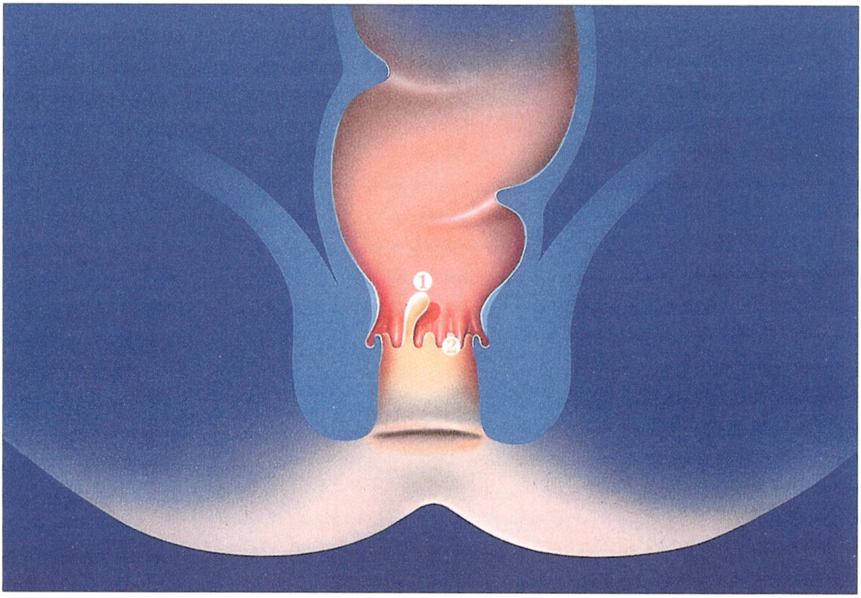

❶ vergrößerte Analpapille
❷ gesunde Analpapille

Wie hilft der Proktologe?

Bei Beschwerden sollten die vergrößerten Analpapillen operativ entfernt werden. Dazu wird ein kleiner, schmerzloser Eingriff in örtlicher Betäubung vorgenommen. Die Wunde ist nach wenigen Tagen abgeheilt und kann nur anfangs leichte Schmerzen beim und nach dem Stuhlgang verursachen. Während dieser Zeit empfiehlt sich eine Behandlung mit Analtampons oder Hämorrhoidensalben.

Analrand-Thrombose

Was ist eine Analrand-Thrombose?

Eine Analrand-Thrombose ist ein plötzlich auftretender, schmerzhafter Knoten am Analrand. Solche Knoten können Taubeneigröße erreichen und gehäuft auftreten. Es handelt sich dabei nicht um eine Erkrankung der Hämorrhoiden. Selbst wenn die Hämorrhoiden stark vergrößert sind und sich aus dem After herausdrücken, handelt es sich nicht um Analrand-Thrombosen.

Analrand-Thrombosen sind Blutgerinnsel in den Analrandvenen. Im Gegensatz zu anderen Thrombosen, etwa an den Beinen, sind sie nicht lebensgefährlich. Einige Patienten haben verstärkt mit solchen Thrombosen zu tun, ohne daß man die genaue Ursache erkennt. In manchen Fällen können krankhafte Veränderungen im Analkanal wie z.B. hypertrophierte Analpapillen, entzündete Analkrypten, Narben u.a. als mögliche Ursache für das Auftreten der Analrand-Thrombosen in Betracht gezogen werden.

Beschwerden

- Mit dem Auftreten der Thrombosen stellt sich umgehend ein unterschiedlich starker Dauerschmerz ein. Er ist nicht vom Stuhlgang abhängig und kann unbehandelt acht bis vierzehn Tage lang bestehen bleiben.
  Dann lassen die Schmerzen nach, und der Knoten verschwindet meist völlig. Manchmal kann er platzen, so daß es zu Blutungen kommt und die Schmerzen damit schlagartig nachlassen

Wie entsteht eine Analrand-Thrombose?

- Veranlagung
- Pressen bei hartem Stuhl
- schweres Heben
- Durchfall
- Hormonschwankungen bei der Frau (z.B. bei der Menstruation oder während d. Schwangerschaft)
- kaltes Sitzen
- konzentrierte Alkoholika oder sehr scharf gewürzte Speisen

Was können Sie selbst tun?

Suchen Sie umgehend einen Arzt auf, um Komplikationen und einen längeren, schmerzhaften Krankheitsverlauf zu

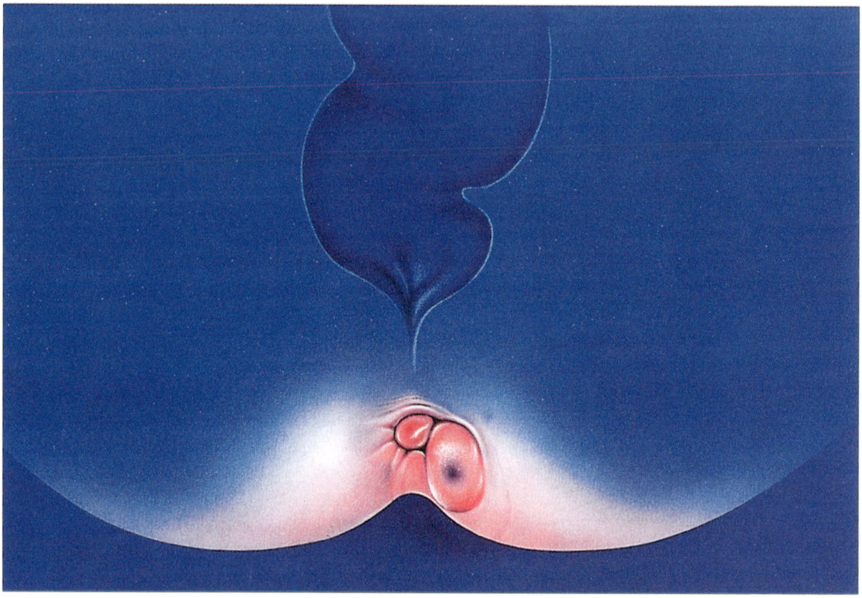

Analrand-Thrombose

vermeiden. Kamillesitzbäder, kühlende Maßnahmen mit Eis, entzündungshemmende Salben und Schmerztabletten wirken vorerst lindernd.

Wie hilft der Proktologe?

Bei starken Schmerzen läßt sich das Blutgerinnsel ambulant entfernen und damit die Beschwerden beseitigen. Wenn der Knoten schon einige Tage alt ist und die Schmerzen weniger intensiv sind, reichen oft entzündungshemmende Maßnahmen in Form von Salben, Zäpfchen und Tabletten aus. Außerdem sollten krankhafte Veränderungen im Analkanal, wie z.B. hypertrophierte Analpapillen, Analfissuren oder Narben, behandelt werden, da sie das erneute Auftreten von Thrombosen begünstigen können.

Beckenbodentiefstand *(Descending perineum Syndrom)*

Was ist ein Beckenbodentiefstand?

Die untere Öffnung des knöchernen Beckens wird durch Bänder, Muskeln und Sehnen verschlossen. Das hält den Darm und die inneren Organe im Bauchraum zurück. Normalerweise ist der Beckenboden trichterförmig aufgebaut. Wenn dieser Trichter abflacht und sich dadurch die gesamte Muskulatur mit Bändern und Sehnen nach unten drückt, kommt es zu einem Beckenbodentiefstand mit Verschlußstörungen des Afters.

Wie entsteht ein Beckenbodentiefstand?

Frauen sind auf Grund ihres breiten Beckens wesentlich häufiger von einem Beckenbodentiefstand betroffen als Männer. Schwere Geburten und häufige Schwangerschaften wirken sich bei ihnen zusätzlich negativ aus. Aber auch zunehmende Bindegewebsschwäche - vorwiegend im Alter - chronische Verstopfung und Übergewicht sind weitere Ursachen dieser Erkrankung.

Was können Sie selbst tun?

- vermeiden Sie Verstopfung
- pressen Sie nicht zu lange auf der Toilette
- heben Sie keine schweren Lasten
- eventuelle Gewichtsreduktion
- Beckenbodengymnastik (Seite 79)

Beschwerden

- Druckschmerz im After
- Fremdkörpergefühl im After (als ob man auf einer Kastanie sitzt)
- Nässen/Schmieren
- unwillkürlicher Abgang von Stuhl und Winden

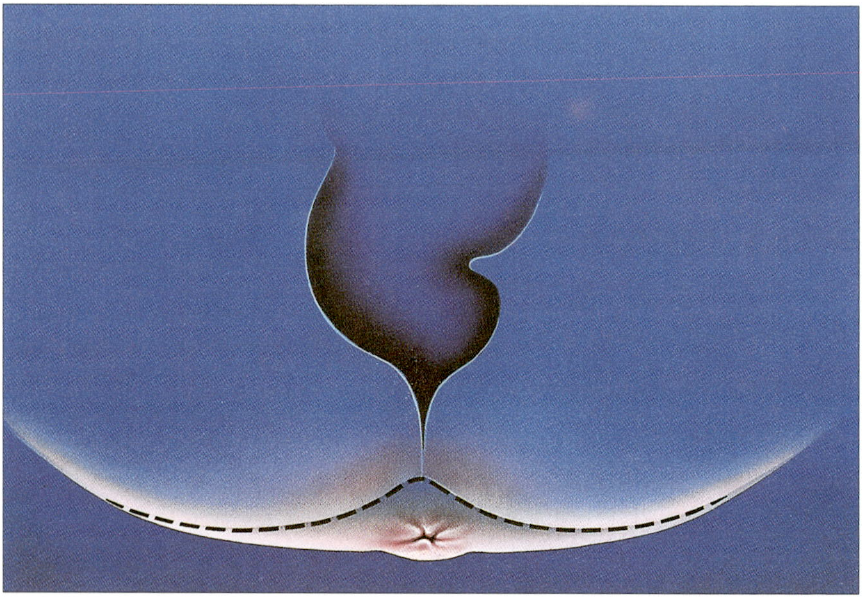

Beckenbodentiefstand

Wie hilft der Proktologe?

Zunächst wird der Arzt mit konservativen Behandlungsmaßnahmen versuchen, eine Besserung zu erzielen. Dazu gehören ein kontrolliertes Biofeedback-Training (Seite 120) und die elektrische Muskelstimulation. Mit dieser Therapie läßt sich meistens ein zufriedenstellender Zustand erzielen.

Sollte das nicht gelingen, wird Ihr Arzt mit operativen Maßnahmen die Raffung und Anhebung des Beckenbodens vornehmen. Das sind Eingriffe, die nur von einem erfahrenen Arzt durchgeführt werden sollten, aber auch dann keineswegs einen Erfolg garantieren. Deshalb sollte ein Beckenbodentiefstand unbedingt vermieden werden.

Chronisch entzündliche Darmerkrankungen

(Colitis ulcerosa, Proktitis, Morbus Crohn)

Was sind chronisch entzündliche Darmerkrankungen?

Bei diesem Krankheitsbild handelt es sich um entzündliche Prozesse, die im gesamten Dickdarm auftreten können *(Colitis ulcerosa)*. Wenn nur der Enddarm davon betroffen ist, spricht man von einer *Proktitis*. Der *Morbus Crohn* befindet sich vor allem in den unteren Dünndarmabschnitten.

Bei diesen Erkrankungen ist ein Verlauf in Schüben typisch. Ohne besondere Maßnahmen oder Medikamente kann es zu einem vollkommenen Abklingen der Beschwerden kommen. Andererseits kann sich die Erkrankung auch trotz einer intensiven medikamentösen Behandlung therapeutisch als ausgesprochen schwer zugänglich erweisen.

Bei jahrelangem Verlauf muß bei der *Colitis ulcerosa* mit dem Übergang in einen Darmkrebs gerechnet werden.

Beschwerden

- Durchfälle (10–20mal pro Tag)
- Blut oder blutige Schleimbeimengungen zum Stuhl (nicht bei Morbus Crohn)
- Krankheitsverlauf in Schüben
- Bauchschmerzen
- Völlegefühl
- Blähneigung
- Miterkrankung anderer Organe möglich (z.B. Augen, Haut, Gelenke, After)

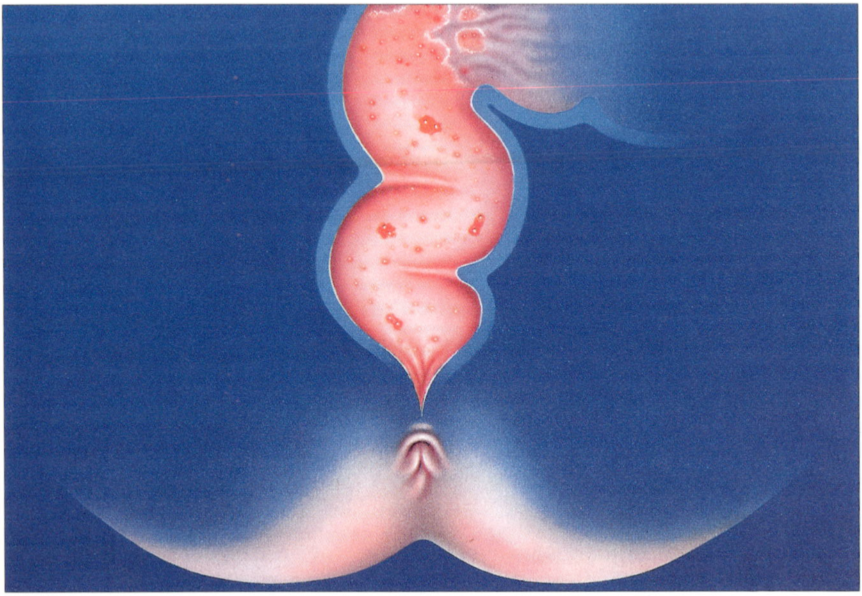

Proktitis

Wie entstehen chronisch entzündliche Darmerkrankungen?

Die Ursachen sind nicht endgültig geklärt. Diskutiert werden:

- Umwelteinflüsse (Viren, Bakterien, Gifte)
- psychische Konfliktsituationen
- Streß
- Allergien
- Nahrungsmittelunverträglichkeiten

Was können Sie selbst tun?

- Streß und seelische Belastungen meiden
- geregelter Tagesablauf
- Urlaub, Erholung, Kur
- Autogenes Trainig

Diese Ratschläge sollten Sie bei einer entzündlichen Darmerkrankung befolgen, auch wenn sie nicht unbedingt zu einer Besserung führen. Umgekehrt kann aber vermehrter Streß eine abgeklungene Erkrankung wieder ausbrechen lassen oder eine bestehende Erkrankung verschlimmern.

Wie hilft der Proktologe?

Das Ausmaß und die Ausdehnung der Erkrankung wird durch eine Darmspiegelung erfaßt. Davon hängt die Art der medikamentösen Behandlung ab. Wenn nur die untersten Darmabschnitte betroffen sind, kommt man meist mit Zäpfchen oder Einläufen zu einem positiven Behandlungsergebnis. Ansonsten wird die Behandlung mit Tabletten durchgeführt.

Operative Eingriffe werden bei Komplikationen (Abszeß, Darmverengung) oder bei besonders schwerem Verlauf und Krebsentstehung notwendig. Diätetische Maßnahmen bringen nur bei wenigen Patienten eine Besserung.

Darmpolypen

Beschwerden
- häufig keine Beschwerden
- sonst:
  - Schleimabsonderungen
  - Blut am Stuhl
  - Wechsel von Durchfall mit Verstopfung
  - Leibschmerzen

Was sind Darmpolypen?

Darmpolypen sind linsen- bis walnußgroße, gutartige Geschwülste der Schleimhaut. Sie treten im gesamten Dickdarm auf, jedoch bevorzugt in den unteren 50 cm. In seltenen Fällen kann der gesamte Darm Hunderte von Polypen aufweisen.

Wie entstehen Darmpolypen?

Man ist weitgehend sicher, daß eine ballaststoffarme Ernährung, die zusätzlich fett- und kalorienreich ist, die Entstehung von Darmpolypen begünstigt.

Dringende Empfehlung!

Wenn Blut oder Schleim beim Stuhlgang auftreten, lassen Sie unbedingt eine Darmspiegelung zur Klärung der Ursache durchführen.
Das gilt auch bei Veränderungen im Stuhlgangverhalten. Wenn z.B. Durchfall häufiger als üblich auftritt, oder Sie in einem durchfallartigen Stuhl gleichzeitig feste Stuhlbestandteile feststellen.

Polypen können nach einigen Jahren bösartig werden und zum Darmkrebs führen.

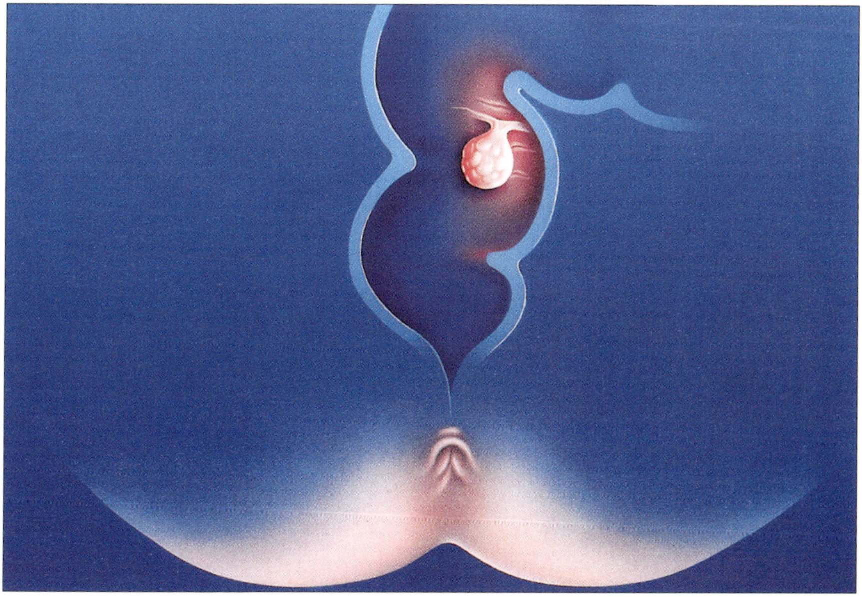

Darmpolyp

Was können Sie selbst tun?

Vorbeugen

- ballaststoffreiche Ernährung einhalten (Seite 87)
- fett- und kalorienreiche Speisen meiden
- auf Stuhlunregelmäßigkeiten achten
- Stuhl auf Blut und Schleim ansehen
- jährlicher Test auf nicht sichtbares Blut (Vorsorgeuntersuchung)
- alle 2–3 Jahre Darmspiegelung, besonders wenn bei Familienmitgliedern Polypen oder Darmkrebs bekannt sind

Wie hilft der Proktologe?

Nicht nur bei Verdacht, sondern auch zur Vorsorge ist es wichtig, eine Darmspiegelung im Abstand von 2-3 Jahren vornehmen zu lassen. Werden dabei Polypen diagnostiziert, können sie gleich bei der Darmspiegelung mit einer elektrischen Schlinge abgetragen werden.

Bei Patienten mit Darmpolypen besteht die Veranlagung zum Auftreten solcher Krebsvorstufen. Deswegen sollten sie regelmäßig eine Darmspiegelung vornehmen und den Test auf nicht sichtbares Blut im Stuhl durchführen lassen. Auch Angehörige sollten den Dickdarm untersuchen lassen.

Ernst F., 55 Jahre, litt unter Rektumpolypen

Der Patient hatte nie in seinem Leben mit Hämorrhoiden oder anderen Problemen im Bereich des Afters zu tun gehabt.

Eines Tages fiel ihm auf, daß sich sein sonst regelmäßiger Stuhl, den er täglich morgens ohne Probleme auf der Toilette absetzen konnte, verändert hatte. Der Stuhl wurde unregelmäßig. Er setzte sich in kleineren Portionen ab, und in einzelnen Stuhlportionen fanden sich sowohl geformte Bestandteile als auch teilweise ein sehr weicher Brei.

Teilweise konnte Herr F. nicht mehr sicher zwischen Stuhl und Winden unterscheiden, so daß er sich in der Annahme, Winde loszuwerden, manchmal die Hose vollmachte.

Da sein Vater an Darmkrebs verstorben war und er den langen Leidensweg miterlebt hatte, war er sehr besorgt, möglicherweise an derselben Erkrankung zu leiden.

Bei der Untersuchung fand sich als Ursache der Beschwerden ein kastaniengroßer Schleimhautpolyp. Solche Polypen sind als Vorstufen von Darmkrebs anzusehen. Es ist oft nur eine Frage der Zeit, bis der zunächst gutartige Polyp in den Krebs übergeht.

Der Polyp ließ sich im Rahmen der Darmspiegelung mühelos und schmerzlos entfernen. Die feingewebliche Untersuchung zeigte, daß der Polyp noch nicht bösartig geworden war.

Die Beschwerden verschwanden umgehend nach dem Eingriff, und dem Patienten blieb eine ernsthafte Erkrankung erspart. Die hätte nicht nur eine operative Entfernung des Enddarmes und des Seitenausganges zur Folge gehabt, sondern auch die Ungewißheit, ob das bösartige Geschwür wirklich vollständig entfernt worden wäre.

Darmkrebs *(Colonkarzinom)*

Beschwerden

- anfangs:
  - veränderte Stuhlfestigkeit und -häufigkeit
  - Wechsel von Durchfall und Verstopfung
  - unregelmäßig Blut und Schleim im Stuhl
  - Gefühl einer unvollständigen Stuhlentleerung
- später:
  - Appetitlosigkeit
  - Gewichtsabnahme
  - Leibschmerzen
- weitere Merkmale:
  - Nässen
  - Schmieren
  - unkontrollierter Abgang von Stuhl und Winden

Was ist Darmkrebs?

Bei dem Darmkrebs handelt es sich um eine bösartige Geschwulstbildung, die unbehandelt zum Tode führt. Am häufigsten tritt der Darmkrebs in den letzten 50 cm des Dickdarmes und dort besonders im Enddarm auf. Allein in Deutschland erkranken jährlich mehr als 20.000 Menschen an Darmkrebs. Damit gehört er zu den häufigsten Krebsarten. Oft wird er zu spät erkannt, so daß eine Heilung trotz Operationen oder anderer Behandlungsmaßnahmen nicht mehr möglich ist.

Begünstigend für das Auftreten des Dickdarmkrebses scheint eine ballaststoffarme und fettreiche Ernährung zu sein. Dafür spricht auch, daß durch eine konsequente Einnahme bestimmter Ballststoffe in Form von Weizenkleie oder anderen Vollkornprodukten das Risiko an Darmkrebs zu erkranken, gesenkt werden kann (siehe Ernährung Seite 87).

Wie entsteht Darmkrebs?

Der Darmkrebs entsteht fast immer auf dem Boden zunächst gutartiger Dickdarmpolypen (Seite 54). Diese Polypen können bei zunehmendem Wachstum nach Jahren in einen Dickdarmkrebs übergehen.

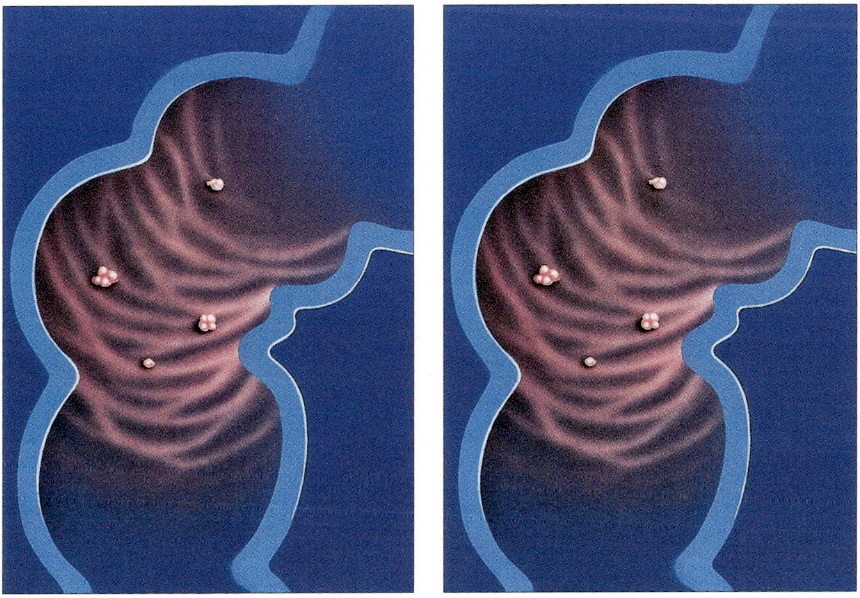

Gutartige, aber wachsende Dickdarmpolypen

Afterkrebs

Der Afterkrebs tritt wesentlich seltener als der Darmkrebs auf. Im Vordergrund der Beschwerden stehen Verschlußstörungen. Dabei kann es statt vermeintlicher Blähungen zum Stuhlaustritt kommen. Auch dumpfer Druck, Fremdkörpergefühl und zunehmende Schmerzen können bei dieser Erkrankung auftreten.

Was können Sie selbst tun?

Vorbeugen

- ballaststoffreiche Kost einhalten (Seite 87)
- kalorien- und fettreiche Nahrung meiden
- jährlich einen Stuhlkärtchentest auf nicht sichtbares Blut vornehmen (Vorsorgeuntersuchung)
- alle 2–3 Jahre eine Darmspiegelung durchführen lassen
- wenn Blutsverwandte oder sonstige Personen in der Familie an Darmkrebs oder Krebsvorstufen - den Darmpolypen - erkrankt sind, ist die Wahrscheinlichkeit größer, ebenfalls an Darmkrebs zu erkranken

Achten Sie auf

- Blut und Schleim beim Stuhlgang
- Veränderungen der Stuhlform, Beschaffenheit und Häufigkeit
- Gewichtsabnahme
- Bauchschmerzen (Druck, Ziehen, Krämpfe)

Wichtig!

Im Gegensatz zu anderen Krebserkrankungen kann der Darmkrebs im harmlosen Vorstadium (Polypen) erkannt und die Darmpolypen problemlos entfernt werden. Damit ist die Gefahr beseitigt und die Entwicklung zum Darmkrebs verhindert worden.

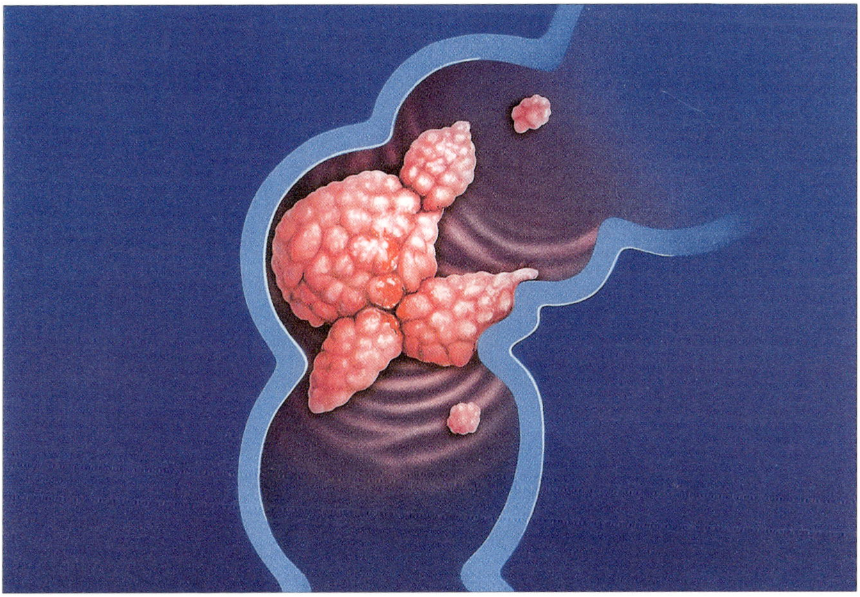

Bösartig gewordene Dickdarmpolypen (Dickdarmkrebs)

Wie hilft der Proktologe?

Der erkrankte Darmabschnitt wird nach Möglichkeit herausoperiert und die beiden gesunden Enden wieder miteinander verbunden. Bei afternahem Krebs läßt sich der Schließmuskel oft nicht mehr erhalten und muß entfernt werden. Dies bedeutet, daß ein Seitenausgang *(Anus praeter)* angelegt werden muß. Leider garantiert eine Operation nicht in jedem Fall eine Heilung.

Medikamentöse Behandlungen zur Heilung einer bösartigen Darmerkrankung sind mit Ausnahme des Afterkrebses bisher nicht bekannt.

Darmvorfall *(Rektumprolaps)*

Was ist ein Darmvorfall?

Beschwerden
- Darmvorfall, auch stuhlgangunabhängig
- Fremdkörpergefühl
- unbemerkter Abgang von Stuhl und Winden
- Nässen, Schmieren
- Jucken
- Gefühl der unvollständigen Entleerung

Ein Darmvorfall ist das Auskrempeln des Enddarms beim Stuhlgang, aber auch bei anderen körperlichen Anstrengungen. Ein Darmvorfall kann Faustgröße erreichen. Er fühlt sich wie ein weicher Schwamm an und läßt sich meist leicht wieder zurückdrücken. Der Darmvorfall ist etwas anderes als vorgefallene Hämorrhoiden (Seite 68), die meistens Schmerzen verursachen, stärker bluten können und schwerer wieder zurückzudrücken sind.

Wie entsteht ein Darmvorfall?

Wenn die Beckenbodenmuskulatur schlaff und kraftlos wird, kann der Darm durch den After nach außen treten.

Ein Darmvorfall wird begünstigt durch

- Bindegewebsschwäche
- Schließmuskelschwäche nach Operationen oder Verletzungen
- schwere Geburten
- chronische Verstopfung
- Alter

Was können Sie selbst tun?

Der vorgefallene Darm sollte stets zurückgeschoben werden. Trockenhalten durch Vorlagen (siehe Seite 110) und Hautpflege können einem sonst häufig auftretenden Analekzem vorbeugen. Zur Kräftigung der Schließmuskeln bietet sich eine spezielle Beckenbodengymnastik an. Starkes Pressen, besonders beim Stuhlgang, sollte unbedingt vermieden werden. Eine vorliegende Verstopfung muß beseitigt werden (Seite 96).

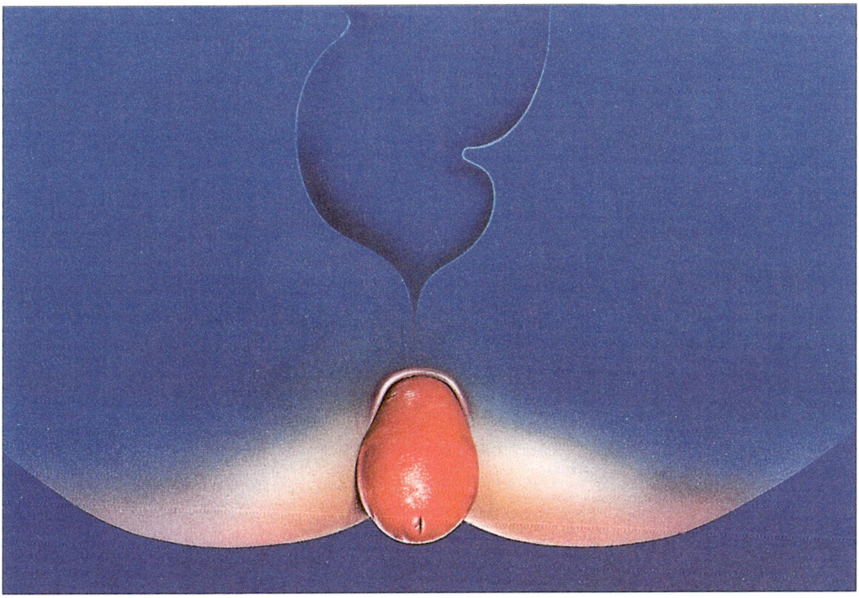

Darmvorfall

Wie hilft der Proktologe?

Im Frühstadium kann man versuchen, den Darm durch Injektionsbehandlungen innen wieder zu fixieren. Führt das nicht zum Erfolg, muß zu operativen Maßnahmen gegriffen werden. Es handelt sich leider um sehr aufwendige Operationen, bei denen der Bauch geöffnet wird.

Möchte man einen operativen Eingriff vermeiden, besteht die Möglichkeit, den After durch einen Ring, der unter die Haut rund um die äußere Öffnung gelegt wird, zu verengen. Der Darm kann dann nicht mehr aus dem After heraustreten. Das empfiehlt sich bei älteren, operationsgefährdeten Patienten.

Darmwandbrüche *(Divertikel)*

Beschwerden
- meist keine
- bei Entzündung:
  - ziehende, dumpfe Schmerzen, vorwiegend im linken Unterbauch
  - gelegentlich Blutung und Schleimabsonderungen
  - Verstopfung, aber auch Durchfall sind möglich
- selten kommt es zu:
  - Darmverschluß
  - Darmwanddurchbruch

Was sind Darmwandbrüche?

In allen Darmwandabschnitten - vorwiegend jedoch im S-Darm (oberhalb des Enddarmes) - kann sich die Darmwand nach außen ausbuchten. Das führt zu kleinen erbs- bis haselnußgroßen, kugelförmigen Säckchen, die einzeln, aber auch zu Hunderten auftreten können. Es handelt sich hierbei um Veränderungen, die bei fast jedem zweiten Menschen ab dem 50. Lebensjahr auftreten.

Zu Beschwerden kommt es allerdings nur dann, wenn sich die Divertikel entzünden. Solche Beschwerden treten periodenweise und unregelmäßig im Abstand von Wochen bis Monaten auf. Manchmal besteht auch eine jahrelange Beschwerdefreiheit.

Wie entstehen Darmwandbrüche?

Bindegewebsschwäche, aber vor allem chronische Verstopfung und schlackenarme Ernährung sind die häufigsten Ursachen dieser Darmwandveränderungen.

Was können Sie selbst tun?

- ballaststoffreiche Ernährung (Seite 87)
- keine Abführmittel
- Pressen beim Stuhlgang meiden
- Übergewicht abbauen

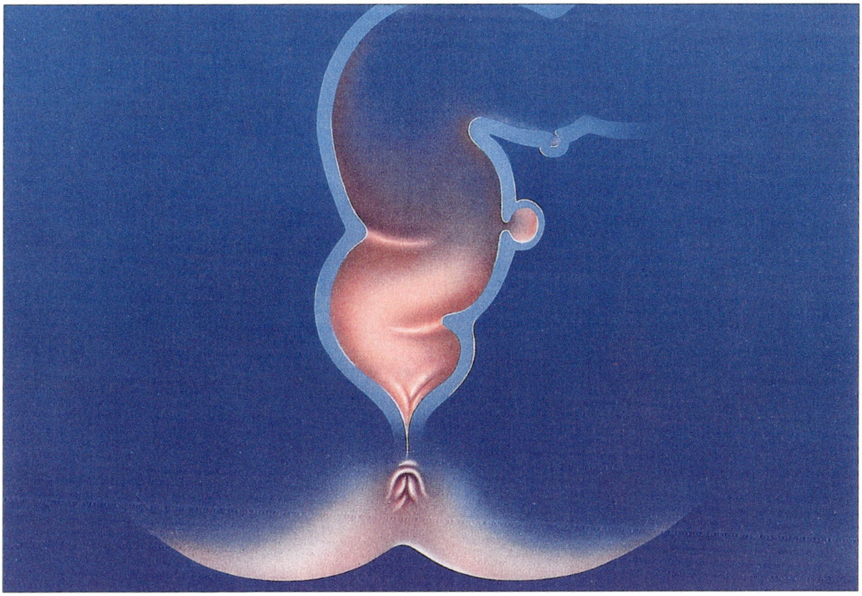

Darmwandbrüche

Wie hilft der Proktologe?

Bei Beschwerden empfiehlt sich eine medikamentöse Therapie, die sich am besten mit Zäpfchen oder Einläufen durchführen läßt. Zäpfchen sollten nach dem Stuhlgang oder zur Nacht verabreicht werden.

Wird der Abstand der Beschwerden kürzer und die Intensität stärker und zeichnen sich Komplikationen mit Darmverschluß oder Darmdurchbruch ab, muß operativ eingegriffen werden. Dabei wird der Abschnitt des Dickdarms entfernt, der für die Beschwerden verantwortlich ist.

Feigwarzen *(Condylomata acuminata)*

Beschwerden
- Jucken
- Nässen
- übelriechende Absonderungen
- Fremdkörpergefühl
- Verschlußstörungen

Was sind Feigwarzen?

Feigwarzen kommen meist in unterschiedlichen Größen in der Anal- oder Genitalregion vor. Es sind kleine, harte Knötchen, die oft hundertfach die Haut rasenartig bedecken und auch im Analkanal auftreten können. Manche Knötchen haben ein hahnenkammartiges Aussehen. Im allgemeinen neigen sie dazu, ständig an Größe zuzunehmen. Das kann, wenn man sie nicht behandelt, zu riesigen Knoten führen, die den ganzen After wie ein Blumenkohl umrahmen. In seltenen Fällen können sich die Knoten bösartig entwickeln. Deswegen sollten sie, auch wenn sie keine oder kaum Beschwerden verursachen, rechtzeitig entfernt werden.

Wie entstehen Feigwarzen?

Feigwarzen sind auf eine Viruserkrankung zurückzuführen. Häufig werden sie durch den Geschlechtsverkehr übertragen. Aber auch Schmierinfektionen, z.B. über gemeinsam benutzte Handtücher, kommen in Betracht, so daß in seltenen Fällen auch Kleinkinder davon betroffen sein können.

Was können Sie selbst tun?

- sorgfältige Analhygiene (Seite 108)
- Trockenhalten des Afters, z.B. durch Vorlage mit Watte
- ärztliche Untersuchung von Kontaktpersonen

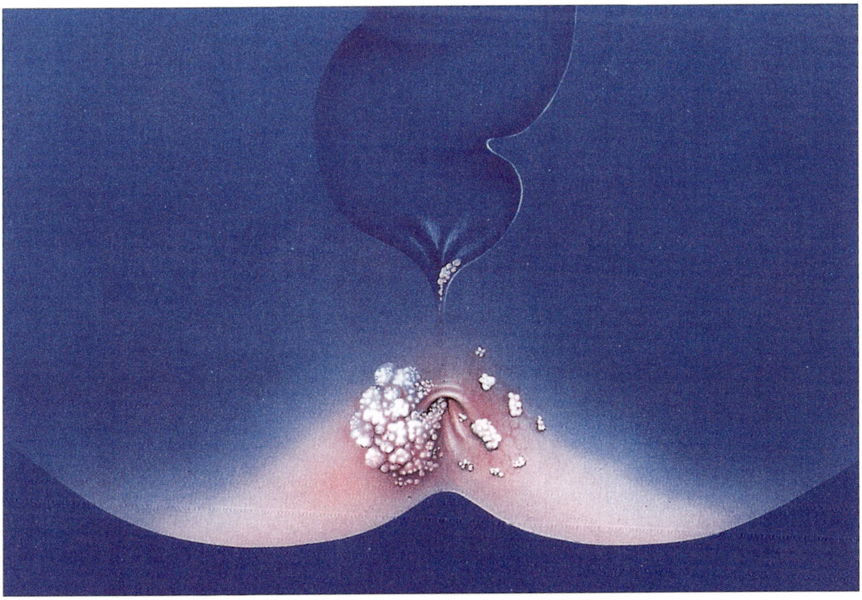

Feigwarzen

Wie hilft der Proktologe?

Kleinere Feigwarzen werden durch Betupfen mit bestimmten Lösungen beseitigt, größere müssen operativ entfernt werden. Dieser Eingriff ist ambulant in der proktologischen Praxis durchführbar und meist mit keinen stärkeren Schmerzen, auch nicht nach der Operation, verbunden. Die Wunden heilen in der Regel schnell ab. Solange die Wunde noch näßt und schmiert, kann es leicht zu Rückfällen kommen. Deswegen muß man besonders in dieser Zeit auf eine sorgfältige Analhygiene achten und die Wundflächen durch Vorlagen trockenhalten.

Hämorrhoidalleiden

Beschwerden
- Blut am Stuhl, Toilettenpapier oder in der Wäsche
- Jucken, Nässen, Schmieren
- Fremdkörpergefühl
- Gefühl der unvollständigen Entleerung
- Druckschmerz
- vorfallende Knoten beim Stuhlgang

Was sind Hämorrhoiden?

Hämorrhoiden sind Blutgefäße unter der Schleimhaut, die wie weiche Kissen den oberen Analkanal ringförmig auskleiden. Jeder Mensch besitzt Hämorrhoiden!

Erst wenn sie sich im Analkanal vergrößern und langsam nach außen gedrückt werden, können Beschwerden auftreten. Man spricht dann von erkrankten Hämorrhoiden, dem Hämorrhoidalleiden, das man aufgrund der jeweiligen Größe in vier Grade unterteilt.

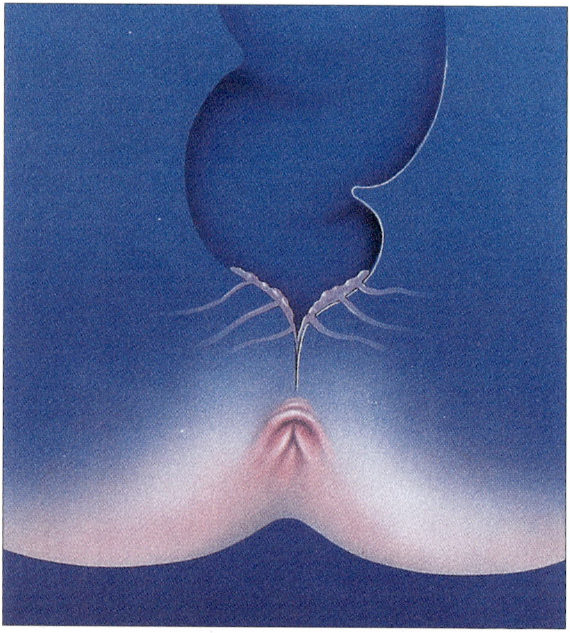

Nicht vergrößerte Hämorrhoiden im Analkanal

Wie entsteht ein Hämorrhoidalleiden?

- chronische Verstopfung
- harten Stuhlgang
- langes Pressen
- durchfallartigen Stuhl
- Abführmittelgebrauch
- Übergewicht
- sitzende Lebensweise und Bewegungsmangel
- Schwangerschaft
- Veranlagung, Bindegewebsschwäche

Was können Sie selbst tun?

- mit einer ballaststoffreichen Ernährung für weichen, geformten Stuhl sorgen (Seite 87)
- keine Abführmittel einnehmen
- Pressen beim Stuhl vermeiden
- auf eine sorgfältige Analhygiene achten (Seite 108)
- bei Bedarf Salben, Zäpfchen oder Analtampons verwenden (Seite 117)

Wie hilft der Proktologe?

Das Behandlungsziel ist die Verkleinerung und die Befestigung der Hämorrhoiden im Analkanal.

Nicht-operative Maßnahmen

- Verödung
- Verschorfung mit Infrarot oder Laser
- Abbinden mit kleinen Gummiringen

Nur in Ausnahmefällen wird man zu operativen Maßnahmen greifen müssen.

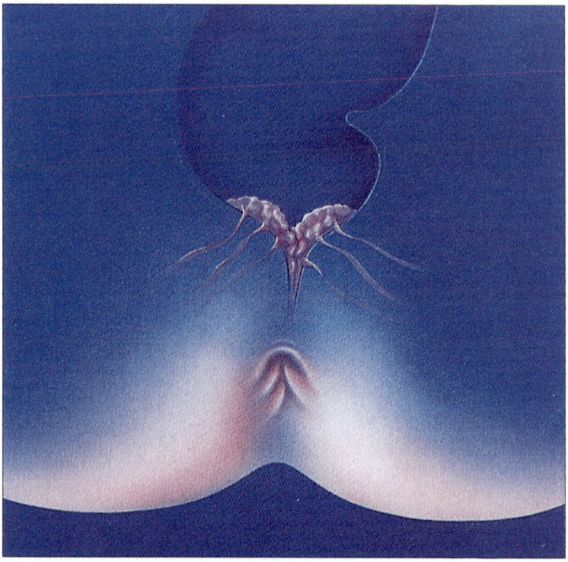

Vergrößerte
Hämorrhoiden im
Analkanal

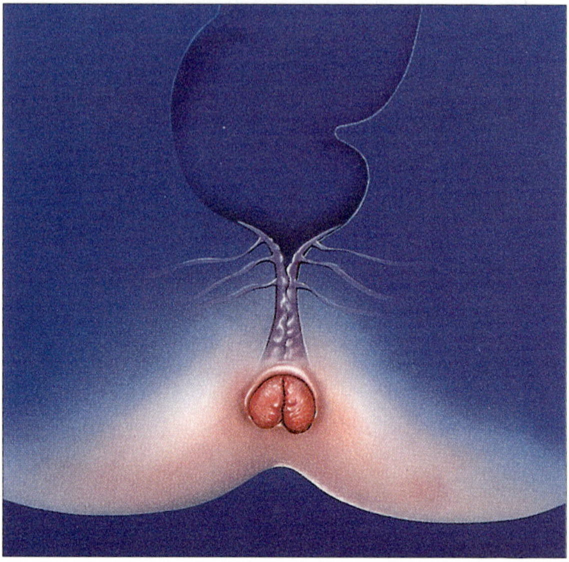

Aus dem Analkanal
vorfallende
Hämorrhoiden

Werner P. hatte sehr darunter zu leiden, daß er trotz sehr sorgfältiger Analhygiene immer eine stuhlverschmutzte Wäsche hatte. Sein Problem bestand jedoch nicht darin, daß er den Stuhl nicht unter Kontrolle halten konnte.

Trotz sorgfältiger Reinigung des Afters nach dem Stuhlgang konnte er nicht verhindern, daß seine Wäsche abends verschmutzt war. Das führte im Laufe der Zeit nicht nur zu einer sehr empfindlichen Haut, sondern Herr P. fühlte sich auch zunehmend unsicher, weil er befürchtete, seinen Mitmenschen durch unangenehmen Geruch aufzufallen. Dadurch zog er sich immer mehr aus dem gesellschaftlichen Leben zurück und galt bald als Eigenbrötler.

Bei der ärztlichen Untersuchung zeigte sich ein feuchter Hämorrhoidenknoten, der sich aus dem Afterkanal herausgedrückt hatte. Dieser Knoten erklärte das Nässen und Schmieren sowie die kotverschmutzte Wäsche.

Die Therapie war einfach: um die knotig vergrößerte Hämorrhoide wurde ein kleiner Gummiring gelegt. Dadurch starb sie ab, und die Beschwerden verschwanden vollständig. Durch diesen kleinen »Eingriff« stieg die Lebensqualität von Werner P. wieder erheblich an.

Werner P., 44 Jahre, litt unter prolabierenden Hämorrhoiden

Hautfalten *(Marisken)*

Beschwerden

- meist keine
- selten:
  - Jucken, Brennen, Nässen
  - Fremdkörpergefühl
  - Reinigungsprobleme

Was sind Hautfalten?

Es gibt unterschiedlich große, knotige, nicht schmerzhafte Hautfalten, die einzeln oder auch zu mehreren rund um den After auftreten. Solche Knoten/Hautfalten werden von vielen Patienten fälschlicherweise für »äußere Hämorrhoiden« gehalten.

Meist wissen die betroffenen Patienten überhaupt nicht mehr, seit wann diese Knoten am After bestehen. Oft werden sie erst bemerkt, wenn Beschwerden ganz anderer Art auftreten. Dann neigt man gerne dazu, dafür die *Marisken* verantwortlich zu machen. Das trifft aber in der Regel nicht zu.

Wie entstehen Hautfalten?

Sie bilden sich, indem die innere Wand des Analkanals im Laufe von Monaten oder Jahren allmählich tiefer tritt und sich nach außen krempelt. Dieser Vorgang vollzieht sich für den Betroffenen meist unbemerkt, z.B. während der Schwangerschaft oder bei chronischer Verstopfung mit ständigen langen Preßversuchen. Auch zunehmendes Alter und Elastizitätsverlust der Haut kommen als Ursache in Frage.

Marisken können zirkulär um den After auftreten und zu einem regelrechten Hautfaltenkranz führen. Ebenso kann es aber auch nur in einigen Sektoren des Afters zu diesen knotigen, lappigen Hautveränderungen kommen.

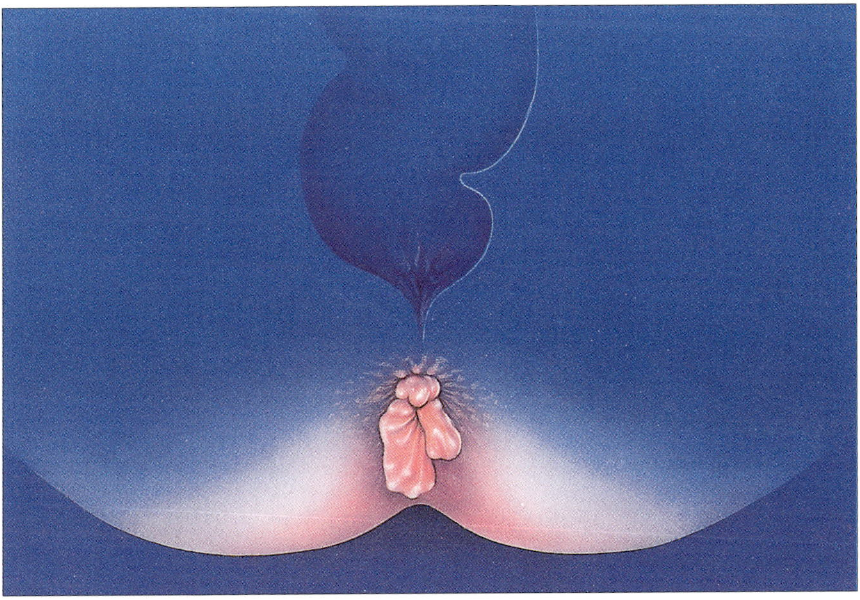

Hautfalten

Was können Sie selbst tun?

Hygiene bei Hautfalten

- schonende Reinigung mit klarem Wasser
- sorgfältige Analhygiene (Seite 108)
- Trockenhalten der Haut durch Vorlagen aus Watte u.a. (Seite 111)
- hautpflegende Salben
- Stuhlregulierung (Seite 104)
- Pressen vermeiden

Wie hilft der Proktologe?

Wenn Hautfalten keine Beschwerden verursachen, müssen sie nicht unbedingt entfernt werden. Entzündliche Veränderungen mit Beschwerden werden gezielt mit Salben, Tinkturen u.a. behandelt.

Gleichzeitig sollte man vergrößerte Hämorrhoiden im Analkanal zum Schrumpfen bringen - am besten durch Verödung. Sonst ist durch ein Tiefertreten und Auskrempeln der Hämorrhoiden mit einer weiteren Vergrößerung der Hautfalten zu rechnen.

Nur in Ausnahmefällen entfernt man die Hautfalten operativ. Das läßt sich in örtlicher Betäubung ambulant vornehmen und ist selten mit stärkeren Schmerzen verbunden. Sitzbäder mit Kamille sind in den ersten Tagen nach der Operation empfehlenswert.

Reizdarm *(Colon irritabile)*

Was ist ein Reizdarm?

Unter einem Reizdarm versteht man einen empfindlichen Darm ohne krankhafte Veränderungen. Jedenfalls lassen sich - auch wenn die Beschwerden noch so lästig und unangenehm sein können - keine organischen Erkrankungen nachweisen. Nicht selten suchen die Patienten viele verschiedene Ärzte auf, ohne daß ihnen richtig geholfen werden kann. So wie manche Menschen unter Migräne leiden, haben andere Probleme mit ihrem Darm.

Beschwerden
- wechselnde Schmerzen, vorwiegend im linken Unterbauch
- Blähbauch
- Durchfall
- selten Verstopfung
- Sturzentleerung

Es gibt Zeiten, etwa im Frühjahr oder Herbst, wo sich ein Reizdarm gehäuft und verstärkt bemerkbar machen kann. Manchmal kommt es auch über Wochen oder Monate zu keinen nennenswerten Beschwerden.

Wie entsteht ein Reizdarm?

- Streß
- psychische Belastungen
- Konfliktsituationen
- Veranlagung
- falsche Ernährung

Was können Sie selbst tun?

Am besten scheint sich eine ballaststoffreiche Ernährung (Seite 87) auf diese Beschwerden auszuwirken.

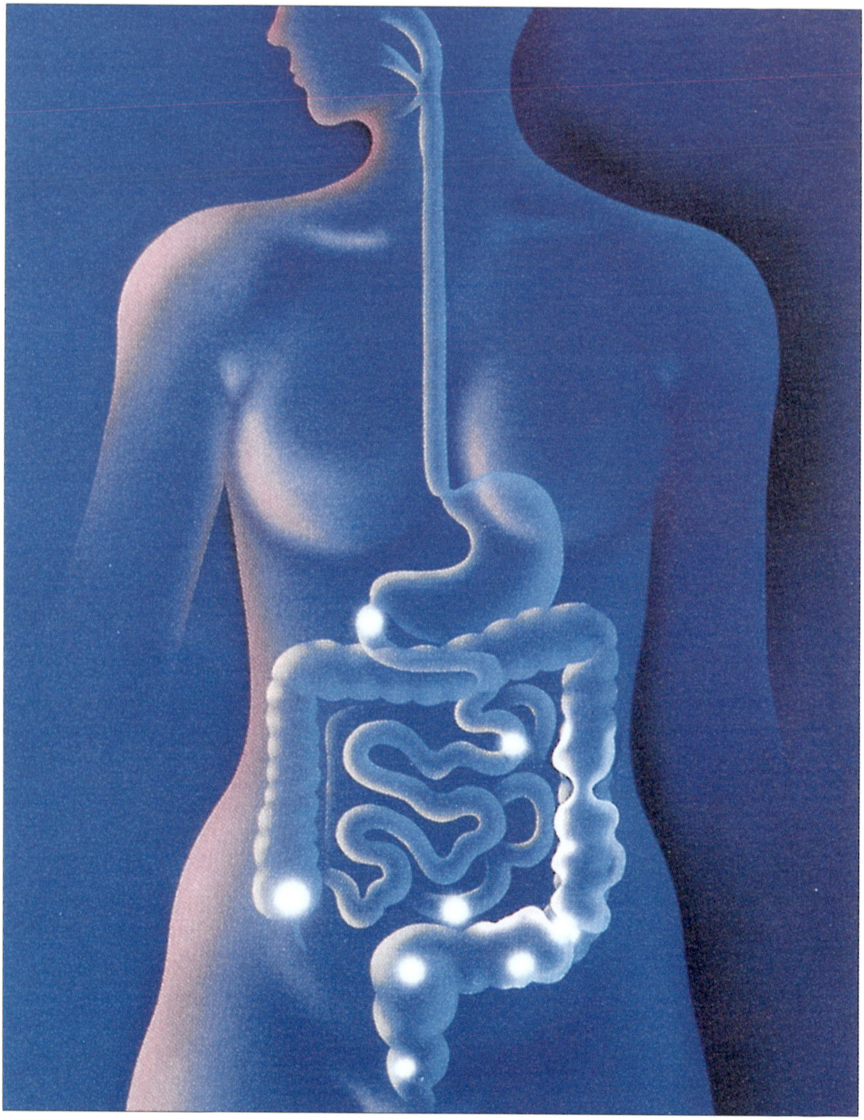

Reizdarm

Sehr wichtig ist, daß der Darm immer gut gefüllt ist und so den Darminhalt gut durchkneten kann. Der Darm sollte nicht »leer« arbeiten. Das verstärkt die Beschwerden, weil er dann Mühe hat, den Darminhalt weiterzutransportieren.

Glauben Sie nicht, daß Sie Ihren Darm entlasten müssen, indem Sie ihn mit Abführmitteln reinigen und ihm durch Nahrungskarenz Ruhe gönnen. Das Gegenteil sollten Sie bei einem empfindlichen Darm tun. Vermeiden Sie nach Möglichkeit Streß und Konfliktsituationen.

Bei einem Reizdarm zu empfehlen

- geregelter Tagesablauf
- ausreichend Schlaf
- diätetische Maßnahmen
- ausreichend Ferien oder auch Kuraufenthalt

Wie hilft der Proktologe?

Um andere Erkrankungen, die von ähnlichen Beschwerden begleitet werden, auszuschließen, ist eine ärztliche Untersuchung erforderlich. Dadurch kann auch die Angst vor Darmkrebs, die viele Patienten belastet, beseitigt werden.

Ein Reizdarm kann mit Medikamenten behandelt werden, die gezielt die Darmfunktion beeinflussen und so die Beschwerden abbauen.

Schließmuskelschwäche *(Anale Sphinkterinsuffizienz)*

Was ist eine Schließmuskelschwäche?

Beschwerden
- verschmutzte Wäsche
- Jucken, Brennen, Nässen
- Geruchsbelästigungen
- ungewollter Stuhlabgang

Eine Schließmuskelschwäche ist eine Funktionsstörung der Schließmuskeln im Bereich des Afters. Stuhl, Winde und Schleim können nicht mehr unter Kontrolle gehalten werden. Meist wird eine sich langsam einstellende Schließmuskelschwäche lange Zeit überhaupt nicht bemerkt. Bei einem geformten, festen Stuhl hat nämlich auch ein schwacher Schließmuskel keine Schwierigkeiten, seine Funktion zu erfüllen. Oftmals stellt man erst durch eine Magen-Darm-Grippe mit Durchfall fest, daß der Schließmuskel nicht mehr richtig funktioniert.

Mit zunehmender Schwäche der Schließmuskeln kann sich auch der Darm aus dem After herausdrücken (Darmvorfall, Seite 62).

Nicht selten ist bei Frauen auch der Harnblasenschließmuskel mitbetroffen, so daß bei körperlichen Anstrengungen, z.B. beim Husten, der Urin nicht mehr gehalten werden kann.

Wie entsteht eine Schließmuskelschwäche?

- Operationen
- Verletzungen
- schwere Geburten mit Dammriß
- langjährige Stuhlverstopfung mit starkem Pressen
- altersbedingte Gewebslockerung oder Veranlagung

Was können Sie selbst tun?

Schließmuskeltraining

Der Schließmuskel läßt sich wie jeder Muskel trainieren. Konsequent durchgeführte Muskelübungen, die dreimal pro Tag jeweils 30mal geübt werden sollten, sind dabei sehr hilfreich.

Versuchen Sie, den After zusammenzukneifen und gleichzeitig in den Leib hochzuziehen. Halten Sie diese Spannung fünf Sekunden, und entspannen Sie anschließend die Muskulatur wieder fünf Sekunden.

Beckenbodengymnastik

Es gibt ausführliche Broschüren mit Übungen für den Beckenboden, nach denen ein Schließmuskeltraining aufgebaut werden kann. Spezielle Trainingsprogramme sollten Sie allerdings unter Anleitung von Krankengymnasten durchführen.

Eine sehr hilfreiche Übung ist, die Beine übereinanderzuschlagen und die gesamte Gesäßmuskulatur kräftig zusammenzukneifen. Das kann sowohl im Sitzen als auch im Liegen geschehen. Diese Übung sollten Sie wenigstens 100mal pro Tag durchführen.

Erste Erfolge werden sich bei dem Schließmuskeltraining und der Beckenbodengymnastik frühestens nach zwei bis drei Monaten einstellen.

Wie hilft der Proktologe?

Als zusätzlich unterstützende Maßnahmen des Schließmuskeltrainings und der Beckenbodengymnastik bietet sich das *Biofeedback-Training* an (siehe Seite 120).

Auch hierbei handelt es sich um aktive Muskelübungen, die optisch oder akustisch auf einem Bildschirm registriert werden. Mit dieser Trainingsmethode kann man überprüfen, ob man den Schließmuskel richtig zusammenkneift und den Erfolg der Übungen kontrollieren.

Durch eine *Elektrische Muskelstimulation* (Schwellstromtherapie, siehe Seite 120) kann man den Schließmuskel noch zusätzlich passiv trainieren. Man braucht sich dabei nicht besonders anzustrengen, da der Schließmuskel über schwache Stromimpulse in gleichmäßigen Intervallen stimuliert wird. In den After wird eine dünne Sonde eingeführt, die an eine kleine Batterie angeschlossen ist. Am Anfang wird diese schmerzfreie Behandlung täglich zweimal eine halbe Stunde durchgeführt. Nach zwei bis drei Monaten sollte eine Besserung eintreten. Dann braucht die Behandlung nur noch zwei- bis dreimal pro Woche durchgeführt zu werden.

Zeigen die Behandlungsmaßnahmen keinen Erfolg, kann man versuchen, den After operativ zu verengen, um somit den Verschluß zu verbessern. Falls sich dennoch keine Besserung einstellt und der Zustand unerträglich wird, kann ein Seitenausgang des Darmes angelegt werden, um den After ganz zu verschließen. Mit diesem Zustand können die Betroffenen oftmals besser leben als mit der Schließmuskelschwäche.

Steißbeinfistel *(Sinus pilonidalis)*

Was ist eine Steißbeinfistel?

Eine Steißbeinfistel sind einer oder mehrere Fistelkanäle im Bereich der Gesäßfurche. Die dazugehörenden äußeren Fistelöffnungen findet man meist etwa 10–12 cm vom After entfernt. Selten trifft man sie mehr als 1–2 cm neben der Gesäßfurche an. Die Steißbeinfistel entwickelt sich oft ohne besondere Schmerzen und fällt nur durch verschmutzte Wäsche auf. Manchmal schließt sie sich von allein und bereitet dann über Wochen bis Monate keine Beschwerden. Damit ist die Steißbeinfistel aber nicht abgeheilt, sondern kann jederzeit erneut wieder auftreten.

Beschwerden
- Nässen, Schmieren
- Eiter- und/oder Blutabsonderungen
- Beschmutzung der Wäsche durch Wundsekret
- Jucken/Brennen
- Schmerzen

Wie entsteht eine Steißbeinfistel?

Dem erstmaligen Auftreten der Steißbeinfistel geht meist ein Eiterherd (Abszeß) in derselben Region voraus. Im Gegensatz zu den analen Fisteln besteht niemals eine Verbindung zum Inneren des Analkanals. Die Fisteln bzw. Abszesse entstehen durch Einwachsen von Haaren beim Aneinanderreiben der beiden Gesäßhälften. Schweißbildung in dem Bereich verstärkt diesen Prozeß. Männer mit starker Behaarung im Bereich des Afters sind besonders gefährdet.

Was können Sie selbst tun?

Vorbeugen

- besonders bei starker Behaarung sollten die Haare entfernt werden
- bei starker Schweißbildung und sitzender Tätigkeit: tägliche Reinigung mit Wasser

Vorbeugen

- Vermeidung von Kunststoffsitzen
- Benutzen von Baumwollwäsche

Bei bestehender Fistel

- sorgfältige Analhygiene (Seite 108)
- Tragen von Vorlagen (Seite 111)
- nach Operationen: Anwendung von Enthaarungscremes

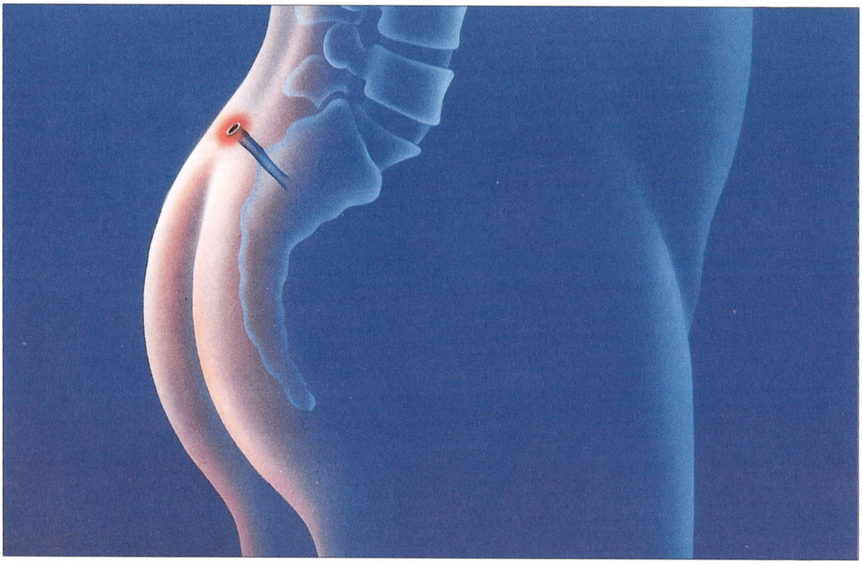

Steißbeinfistel

Wie hilft der Proktologe?

Bei Beschwerden wird die Fistel operativ entfernt. Bei kleineren Fisteln kann das ambulant geschehen. Die Wunde verursacht keine besonderen Schmerzen, da sie weit genug vom After entfernt ist und deshalb beim Stuhlgang nicht mit Stuhl verschmutzt wird. Die Abheilung dauert im allgemeinen 6–8 Wochen. Mit Rückfällen muß aber gerechnet werden.

Seltene proktologische Krankheitsbilder

Afterkrampf (*Proktalgia fugax*)

Was ist ein Afterkrampf?

Unter Afterkrampf versteht man eine plötzlich einsetzende, schmerzhafte Verkrampfung des Enddarms und der Beckenbodenmuskulatur von etwa fünf bis dreißig Minuten Dauer, die meist nachts und unregelmäßig auftritt.

Wie entsteht ein Afterkrampf?

Unterschwellige Entzündungen im Analbereich, die man kaum bemerkt, können einen Afterkrampf auslösen. Auch Streß und psychische Belastungen führen gelegentlich zum Auftreten dieser krampfartigen Schmerzen. Bösartige Erkrankungen brauchen nicht befürchtet zu werden. Meist liegt überhaupt keine erkennbare Ursache vor.

Was können Sie selbst tun?

- Wärmflasche anwenden
- Gegendruck (z.B. durch Aufpressen der Faust oder Sitzen auf dem Badewannenrand)
- krampflösende Zäpfchen oder Tabletten helfen wenig

Wie hilft der Proktologe?

- Untersuchungen zum Ausschluß anderer Erkrankungen
- Aufklärung über die Harmlosigkeit der Erkrankung

- falls Erkrankungen im Analbereich vorliegen, sollten diese behandelt werden. Das trifft besonders vergrößerte Hämorrhoiden, weil man durch eine Verödungsbehandlung die Häufigkeit und Intensität der Krampfzustände reduzieren oder ganz beseitigen kann

Darmverschluß *(Ileus)*

Was ist ein Darmverschluß?

Wenn der Darminhalt nicht weiter transportiert wird und die Stuhlentleerung nicht mehr möglich ist, spricht man von einem Darmverschluß. Solche Passagestörungen können sowohl den Dünndarm als auch den Dickdarm betreffen und sich lebensbedrohend auswirken.

Anfangs tritt meist nur ein unbestimmtes Völle- und Druckgefühl im Leib auf. Später gehen Winde und Stuhl nicht mehr ab, und krampfartige Leibschmerzen kommen hinzu. Schließlich kann Übelkeit mit Erbrechen – unter Umständen auch Koterbrechen – auftreten.

Wie entsteht ein Darmverschluß?

Die Ursachen für einen Darmverschluß sind vielseitig. Am häufigsten sind Erkrankungen, die den Darm selbst betreffen:

- Darmkrebs
- Darmpolypen
- Darmwandbrüche
- Abknickungen
- Darmverschlingung

Mechanische Störungen

- eingeklemmter Leistenbruch
- Verwachsungen
- Gewächse in den Nachbarorganen
- Gallensteine
- Würmer
- Abknickungen
- Kotstauung

Funktionelle Störungen

- Gefäßverschlüsse
- Nierenversagen
- Nieren- und Gallenkoliken
- Schädel- und Hirnverletzungen
- Bauchfellentzündung
- Zuckerkrankheit
- Herzschwäche

Was können Sie selbst tun?

In jedem Fall sollten Sie einen Arzt aufsuchen. Meist ist eine stationäre Behandlung erforderlich. Abführmittel können die Erkrankung dramatisch verschlechtern. Sie können höchstens die Darmtätigkeit mit Einläufen unterstützen, um einen Stuhlgang zu erreichen.

Wie hilft der Proktologe?

Die Ursache des Darmverschlusses bestimmt die weitere Therapie:

- Absaugen des Darminhaltes über den Magen
- Infusionen
- Antibiotika
- evtl. Operation

Steißbeinschmerz *(Coccygodynie)*

Was ist ein Steißbeinschmerz?

Das sind Schmerzen oder eine Druckempfindlichkeit im Bereich der Steißbeinregion, die nur beim Sitzen auftreten. Solche Schmerzen können bereits nach wenigen Minuten wieder abklingen, oder aber auch erst nach 1–2 Stunden. Durch Aufstehen oder Umhergehen klingen die Beschwerden schnell wieder ab.

Wie entsteht ein Steißbeinschmerz?

Die Ursachen sind nicht eindeutig geklärt. Möglicherweise sind Verschleißerscheinungen der Lendenwirbelsäule und vorausgegangene Verletzungen der Steißbeinregion die Schmerzursache.

Was könen Sie selbst tun?

- bequeme Sitzhaltung
- weiche Stühle meiden
- unter Umständen ein Sitzkissen benutzen

Wie hilft der Proktologe?

Zur Behandlung kann man die sogenannte Heilanästhesie einsetzen, d.h. die Umspritzung der Steißbeinspitze mit einem Betäubungsmittel. Auch Massagen, Fangopackungen, Gymnastik, Schwimmen oder Bestrahlungen im Bereich der Lendenwirbelsäule wirken sich häufig günstig auf die Beschwerden aus. Andere proktologische Erkrankungen sollten vorher ausgeschlossen werden.

4. Vorsorgemaßnahmen

Nicht erst wenn es juckt, brennt, blutet oder schmerzt, sondern um jeglichen Beschwerden und Erkrankungen im Darmbereich vorzubeugen, gibt es einfache Empfehlungen, die Vorsorge und Abhilfe schaffen. Das betrifft auch Beschwerden, die bereits seit Jahren bestehen und bei denen alle bisherigen Bemühungen zu keiner entscheidenden Besserung geführt haben.

In den folgenden Kapiteln haben wir für Sie Ernährungsratschläge, Tips gegen Verstopfung, Durchfall und Blähungen, Empfehlungen zur Analhygiene und die Bedeutung von Salben, Zäpfchen, Medikamenten und Abführmitteln zusammengestellt.

Ernährung

Sie haben in den vorhergehenden Kapiteln gelesen, welche wichtige Rolle die Ernährung bei den meisten After- und Enddarmerkrankungen spielt. Sie wirkt sich nicht nur auf die Häufigkeit und Beschaffenheit des Stuhlgangs aus, sondern ist darüber hinaus auch bei der Entstehung bösartiger Darmerkrankungen mit von Bedeutung. Die Ernährung sollte:

Anforderungen an eine gesunde Ernährung

- zu einer möglichst großen Stuhlmenge führen
- Abführmittel überflüssig machen
- Übergewicht vermeiden und soweit wie möglich vermindern helfen
- für regelmäßigen, geformten, weichen Stuhl sorgen. Die Ernährung muß einerseits harten Stuhl und damit Verstopfung verhindern, darf aber andererseits nicht einen breiigen oder durchfallartigen Stuhl verursachen

Alle genannten Bedingungen lassen sich mit einer Ernährung erfüllen, die reich an sogenannten »Ballaststoffen« ist.

Was sind Ballaststoffe?

Ballaststoffe sind Bestandteile der Ernährung, die von unserem Verdauungsapparat nicht soweit aufgespalten werden, daß sie durch die Darmwand hindurch in die Blutgefäße wandern können. Meist handelt es sich bei diesen Ballaststoffen um Zellwand- oder Gerüstbestandteile von Pflanzen.

Schnittdarstellung eines Getreidekornes

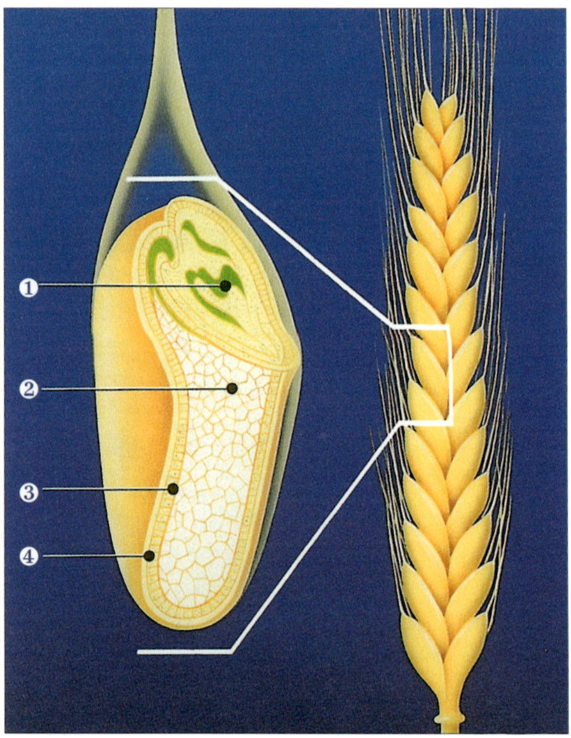

❶ Keimling
❷ Mehlkörper
❸ Samenschale
❹ Fruchtschale

Was bewirken Ballaststoffe?

Positive Wirkungen von Ballaststoffen

- Ballaststoffe wirken sich günstig auf den **Stuhlgang** aus. Das betrifft sowohl Verstopfung als auch Durchfall
- ballaststoffreiche Lebensmittel haben eine sättigende Wirkung, sind meist **arm an Kalorien** und helfen damit, vorhandenes Übergewicht abzubauen
- lösliche Ballaststoffe, die in Äpfeln, Bananen oder auch im Hafer vorkommen, senken den **Cholesterinspiegel** und helfen damit, das Herzinfarktrisiko zu verringern
- unlösliche Ballaststoffe, die sich z.B. in Getreide, vor allem in Vollkornprodukten, Weizenkleie und anderen Kleieprodukten befinden, haben eine **Schutzwirkung** gegen Darmkrebs. Das trifft auch für die Vorstufen des Darmkrebses, die Darmpolypen, zu. Eine ballaststoffreiche Ernährung verhindert außerdem die Entstehung von Divertikeln. Das sind kleine, sackartige Ausstülpungen der Darmwand, die sich entzünden können
- eine ballaststoffreiche Ernährung mit vielen Getreidesorten, reichlich Gemüse, Obst und wenig Fett trägt zudem zur Verhinderung von Herz-Kreislauf-Erkrankungen und Krebs (Brustkrebs u.a.) sowie zur **Stärkung des Immunsystems** bei

Welche Lebensmittel sind ballaststoffreich?

Getreidearten sowie bestimmte Obst- und Gemüsearten zeichnen sich durch hohe Ballaststoffgehalte aus. Noch mehr Ballaststoffe enthalten Weizenkleie, Haferkleie und auf Kleiebasis hergestellte Lebensmittel, Müsli und Vollkornprodukte. Da natürliche Kleie geschmacklich wenig ansprechend ist, empfehlen wir, die im Handel erhältlichen Kleieprodukte zu verwenden.

Unter den Gemüsen haben Hülsenfrüchte wie Bohnen, Erbsen, Linsen und Blumenkohl, Weiß-, Rot-, Grünkohl, Fenchel, Knollensellerie und Rosenkohl hohe Ballaststoffgehalte, während es bei den Obstarten Äpfel, Birnen, Brombeeren, Johannisbeeren, Kiwi, Himbeeren und Heidelbeeren sind, die die höchsten Ballaststoffgehalte haben.

Die Lebensmittel sollten soweit wie möglich in ihrem natürlichen Zustand (nicht kochen, nicht konservieren) belassen werden.

Lebensmittel	g Ballaststoffe pro 100 g	Lebensmittel	g Ballaststoffe pro 100 g
Gemüse		**frisches Obst**	
Avocado	3,3	Ananas	1,8
Aubergine	1,4	Äpfel	2,3
Blaukraut (Rotkohl)	2,5	Bananen	2
Blumenkohl, roh	2,9	Birnen	2,8
Bohnen, grün	2,9	Erdbeeren	2
Brokkoli	3	Feigen	2,5
Erbsen, tiefgefroren	7	Heidelbeeren	4,9
Gurken	0,9	Himbeeren	4,7
Karotten	3,4	Johannisbeeren, rot	3,5
Kartoffeln	2,5	Johannisbeeren, schwarz	6,8
Kohlrabi	1,4	Kirschen, süß	1,9
Lauch (Porree)	2,3	Kiwis	3,9
Linsen, getrocknet	10,6	Mandarinen	1,9
Mais	3,7	Orangen	2,2
Meerrettich	8,3	Pfirsiche	1,2
Rosenkohl	4,4	Pflaumen	1,7
Sellerie	4,2	Quitten	6,4
Spargel	1,5	Rharbarber	3,2
Weißkraut	2,5	Wassermelonen	0,2
Wirsing	1,5		
Rote Bete	2,5	**Trockenobst**	
Grünkohl	4,2	Aprikosen	8
Schwarzwurzel	2,3	Datteln	9,2
		Feigen	9,6
		Pflaumen	9

Lebensmittel	g Ballaststoffe pro 100 g	Lebensmittel	g Ballaststoffe pro 100 g
Nüsse		**Nährmittel, Getreideerzeugnisse**	
Erdnüsse	7,1	Weizen, ganzes Korn	10,6
Kokosnuß	9	Weizenkleie	42,4
Haselnüsse	7,4	Mehl, Type 405	4
Maroni (Edelkastanien)	6,8	Mehl, Type 1700	10
Walnüsse	4,6	Haferflocken	7
		Vollkornreis (Naturreis)	4
Backwaren		Reis, poliert	1,4
Brötchen	3,1	Buchweizen	3,7
Mischbrot, Graubrot	4,1	Gerste, entspelzt	9,8
Weizenvollkornbrot	6,7	Grünkern	8,8
Knäckebrot	14,6	Roggen, ganzes Korn	13,2
Weißbrot	2,9	Mais	9,2
Pumpernickel	13,5	Popcorn	10
Grahambrot	6,4	Vollkornnudeln	9
Vollkornzwieback	12	Nudeln	3,4
Vollkorntoast	3,1		

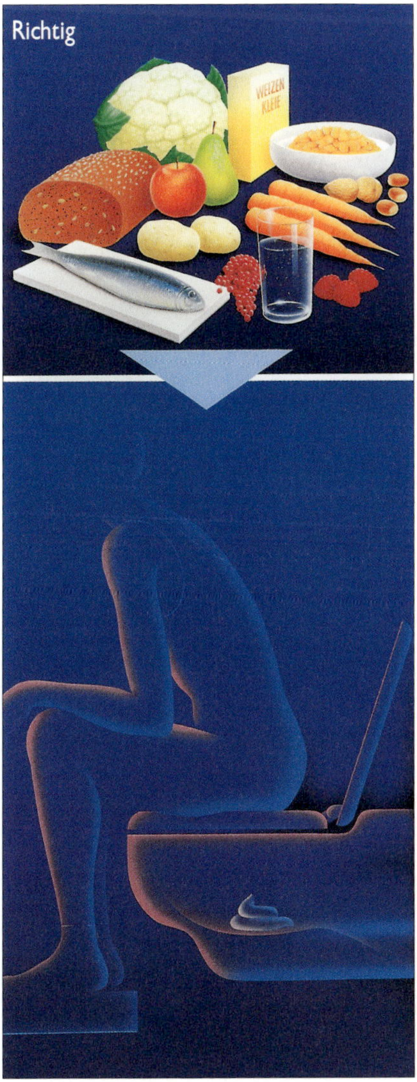

Weicher, aber geformter Stuhl

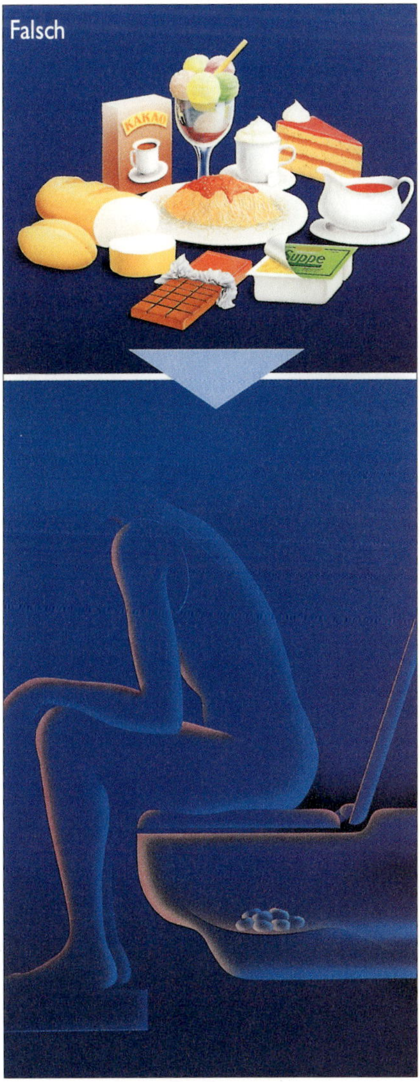

Harter, schafskotartiger Stuhl
mit Verstopfung

Die Empfehlung der Experten:

Wie eine gesundheitsfördernde vollwertige Ernährung nach den Empfehlungen der *Deutschen Gesellschaft für Ernährung* aussieht, läßt sich am leichtesten am Ernährungskreis (siehe Abbildung) erläutern.

Der Kreis ist in sieben ungleiche Sektoren eingeteilt. Deren Größe ist ein Anhaltspunkt dafür, wieviel man von den Lebensmitteln essen sollte, die zu der Gruppe dieses Sektors gehören. Man erkennt daran leicht: Brot, Nudeln, verschiedene Getreidesorten, -flocken und Getreideprodukte sowie Kartoffeln sollten die Hauptmenge unserer Lebensmittel ausmachen. Dann folgen Gemüse, Hülsenfrüchte, Obst, Milch und Milchprodukte, wobei die fettarmen Sorten bevorzugt werden sollten. Aus der Gruppe Fisch, Fleisch und Eier sollte weniger und aus der Gruppe Fette und Öle am wenigsten gegessen werden. Wählen Sie abwechslungsreich, vor allem bei den Lebensmitteln aus der Gruppe Fisch, Fleisch und Eier.

Wichtig! Pro Tag sollten Sie mindestens 2–3 Liter Flüssigkeit trinken!

Ernährungskreis der Deutschen Gesellschaft für Ernährung

Verdauungsstörungen

Verstopfung *(Obstipation)*

Was ist Verstopfung?

Fester Stuhl, der nur unter starkem Pressen abgesetzt werden kann und mit Beschwerden wie Völlegefühl, Blähneigung und Bauchschmerzen einhergeht, wird als Verstopfung bezeichnet.

Manchmal ist der Stuhl nur am Anfang sehr fest wie ein harter Pfropf und wird dann deutlich weicher. Auch ein solcher Stuhl ist oft nur unter Schmerzen abzusetzen und ruft nicht selten Verletzungen und Einrisse (Afterriß) im Analkanal hervor.

Bei seltenem Stuhl (1-2mal/Woche) handelt es sich nicht um Verstopfung.

Wie entsteht Verstopfung?

Häufige Ursachen für Verstopfung

- falsche Ernährung und vor allem nicht ausreichende Nahrungsmenge
- veränderte Kost
- ungenügende Flüssigkeitszufuhr
- Zeitdruck (Hektik, Streß)
- Ortswechsel (Urlaub)
- falsches Verhalten auf der Toilette (langes Sitzen, starkes Pressen)
- regelmäßiger Abführmittelgebrauch und dadurch entstehende Darmträgheit
- Bewegungsmangel
- Medikamente (fragen Sie Ihren Arzt)
- Stoffwechselerkrankungen
- Schwangerschaft
- Veranlagung

In manchen Fällen lösen Erkrankungen des Afters und des Dickdarmes (z.B. Afterverengungen, Verwachsungen, Geschwülste, Entzündungen) eine Verstopfung aus.

Was können Sie selbst tun?

Selbsthilfe bei Verstopfung

- die erfolgreichste Therapie ist von einer ballaststoffreichen Ernährung zu erwarten
- körperliche Bewegung, Gymnastik, Massage haben eine positive Wirkung auf die Darmtätigkeit
- das richtige Verhalten auf der Toilette bei der Stuhlentleerung kann erleichternd für den Stuhlgang sein

Selbsthilfe bei Verstopfung

- zwei bis drei Liter Flüssigkeitszufuhr täglich (am besten trübe Obst- und Gemüsesäfte)
- morgens nach dem Aufstehen ein Glas Fruchtsaft oder Mineralwasser trinken
- frische oder fertige Müslis
- Weizenkleie
- Leinsamen, Flohsamen, Trockenpflaumen
- rohes Gemüse, Rhabarber, Knoblauch
- ausreichende Nahrungsmengen (wenig Nahrung - wenig Stuhl)
- stuhlganganregende Zäpfchen (keine Abführmittel)
- Einlauf mit warmem Wasser

Ältere Menschen, denen es schwer fällt, soviel zu essen, daß daraus ein ausreichender Stuhl resultiert, sollten auf pflanzliche Quellsubstanzen wie z.B. Mucofalk®, mit Orangen- oder Apfelgeschmack oder einfach neutral, zurückgreifen.

Wie hilft der Proktologe?

Organische Erkrankungen (z.B. Darmkrebs, Polypen, Verwachsungen usw.) müssen durch eine Untersuchung ausgeschlossen werden.

Wenn keine organischen Erkrankungen vorliegen, eine ballaststoffreiche Kost eingehalten wird und sonstige oben erwähnte Ursachen ausgeschlossen sind, kann die Funktion des Darmes gestört sein. Das ist z.B. in Folge einer Schilddrüsenunterfunktion, aber auch bei Störungen im Mineralhaushalt möglich. Insofern ist es manchmal erforderlich, Erkrankungen ganz anderer Art zu behandeln, um so die Darmfunktion wieder zu normalisieren.

Durchfall *(Diarrhoe)*

Was ist Durchfall?

Durchfall ist ein dünnflüssiger, nicht geformter Stuhl. Der Durchfall kann 1–2 Tage dauern, aber auch wochenlang anhalten oder periodenweise auftreten.

Beschwerden
- 10mal/Tag und öfter dünnflüssiger Stuhl
- brennende Schmerzen im After beim und nach dem Stuhlgang
- Juckreiz mit Nässen und Schmieren
- Blutungen, meist am Toilettenpapier
- Blähneigungen/Leibschmerzen
- Gewichtsabnahme
- körperliche Schwäche

Wie entsteht Durchfall?

- durch infektiöse Darmerkrankungen (z.B. Salmonellen)
- als Reisedurchfall (»Montezumas Rache«)
- als Folge eines Reizdarmes
- bei chronisch entzündlichen Darmerkrankungen
- durch falsche Ernährung
- durch psychsiche Konfliktsituationen
- durch individuelle Veranlagung
- durch bösartige Erkrankungen (z.B. Darmkrebs)
- bei Magen- und Darmerkrankungen oder Erkrankungen anderer Organe (z.B. Leber, Gallenblase, Bauchspeicheldrüse, Schilddrüse u.a.)

Was können Sie selbst tun?

Hilfe bei akut auftretenden Durchfällen

- Kohletabletten
- Salzgebäck, Erdnüsse
- Heilerde
- geriebene Äpfel mit Zwieback
- Reis- oder Getreideschleim
- Cola-Getränke
- Tee (Kümmel, Fenchel, Brombeerblätter oder schwarzer Tee)

Bei Durchfällen meiden

- Kaffee
- Zitrusfrüchte
- scharfe Gewürze
- Fruchtsäfte
- Alkohol, speziell Bier

Mit dem Abklingen des Durchfalls sollte eine schlackenreiche Kost eingehalten werden, die dazu beiträgt, den durchfallartigen Stuhl zu beseitigen. Wenn der Durchfall nach 8-10 Tagen nicht abgeklungen ist, sollte ein Arzt aufgesucht werden.

Wie hilft der Proktologe?

Wenn der Durchfall länger als 8-10 Tage anhält oder gehäuft auftritt, müssen infektiöse Darmerkrankungen, Darmentzündungen und andere Erkrankungen - auch Darmkrebs - ausgeschlossen bzw. gegebenenfalls behandelt werden. Soweit keine organischen Erkrankungen vorliegen, kann man den Durchfall medikamentös beseitigen.

Mit einer medikamentösen Therapie hat sich die Darmtätigkeit nach ein paar Tagen wieder normalisiert. Falls die Darmflora als Folge des Durchfalls in ihrer Zusammensetzung gestört ist, empfiehlt es sich, über eine natürliche Darmbehandlung diesen Zustand zu beheben. Dabei versucht man, mit Medikamenten die Bakterienflora im Darm wieder neu aufzubauen. In der Regel wirkt sich das sehr positiv auf den Durchfall aus. Bei ganz schweren akuten Durchfällen kann es nötig sein, eine totale Nahrungskarenz einzuhalten. Dabei muß man allerdings auf eine ausreichende Flüssigkeitszufuhr (2-3 Liter) achten.

Blähneigung *(Meteorismus)*

Was ist Blähneigung?

Blähneigung ist keine Erkrankung, sondern eine oft überaus lästige, manchmal schmerzhafte Begleiterscheinung bei funktionellen oder organisch bedingten Darmstörungen.

Einige Patienten berichten, daß sie nach dem Essen innerhalb weniger Minuten einen sichtbar dicker werdenden Leib bekommen. Die Art der Ernährung bzw. die Menge scheint dabei nicht immer entscheidend zu sein, sondern auch andere Einflüsse wie Wetterwechsel, Fön oder psychische Faktoren. Jeder Mensch produziert täglich etwa 800 ml Gase, die er bewältigen muß.

Wie entsteht Blähneigung?

Ursachen für Blähneigung

- Reizdarm
- jahrelange Ernährungsfehler
- Nahrungsmittelunverträglichkeit
- Reizkost mit scharf gewürzten Speisen oder Getränken
- zu große Nahrungsmengen (besonders abends)
- zuviel Kochsalz, Kaffee, Röstprodukte
- Süßigkeiten
- bestimmten Alkoholsorten (z.B. Bier)
- schlechtes Kauen
- schnelles Essen (Luft schlucken)
- chronische Darmträgheit
- Störung der Darmflora
- Darmerkrankungen (z.B. Polypen, Darmkrebs, Darmwandbrüche, Entzündungen)

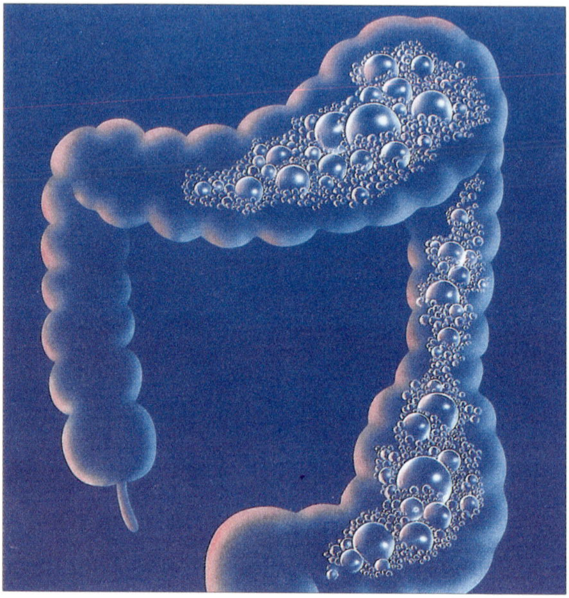

Blähneigung

Was können Sie selbst tun?

Ein Patentrezept gibt es leider nicht. Oft sind bestimmte Nahrungsmittel für eine Blähneigung verantwortlich. Deshalb sollten Sie versuchen herauszufinden, auf welche Lebensmittel Ihr Darm empfindlich reagiert.

Selbsthilfe bei Blähneigung

- Kaffee meiden
- Lebensmittel kochen oder dünsten – nicht braten oder grillen
- magere Fleischsorten verwenden
- Mineralwasser ohne Kohlensäure trinken
- Backwaren 1–2 Tage liegen lassen
- entblähende Tees (Fenchel, Kümmel, Anis, Kamille, Pfefferminz) bevorzugen
- sich viel an frischer Luft bewegen, speziell bei Kälte

Wie hilft der Proktologe?

Der Arzt muß organische Erkrankungen der Verdauungsorgane ausschließen (z.B. durch Blutuntersuchungen, Röntgen, Ultraschall, Darmspiegelung).

Auch kann es hilfreich sein, Untersuchungen über die Zusammensetzung der Darmflora und speziell über das Vorkommen von Pilzen zu veranlassen. Dadurch läßt sich eine gezielte Therapie durchführen, die in vielen Fällen eine Neubesiedelung des Darmes mit natürlichen Darmbakterien erfordert. Medikamentöse Maßnahmen können notwendig sein, die allerdings keinen bleibenden Erfolg garantieren können. Mit Rückfällen muß gerechnet werden.

Stuhlgang – Verhalten auf der Toilette

Wie oft sollte man Stuhlgang haben?

Täglicher Stuhlgang ist nicht unbedingt erforderlich. Zwei- bis dreimal pro Woche ist genauso normal wie zwei- bis dreimal pro Tag.

Sie brauchen keine Angst zu haben, daß sich bei seltenem Stuhlgang eine innere Vergiftung einstellen könnte. Auch besteht nicht das Risiko, dadurch an Gewicht zuzunehmen; umgekehrt kann man durch häufigen Stuhlgang nicht an Gewicht verlieren.

Wann und wie oft sollte man zur Toilette gehen?

Gehen Sie nur auf Toilette, wenn Sie Stuhldrang empfinden, dann aber sofort! Auf keinen Fall darf der Stuhl unterdrückt werden, weil Sie keine Zeit haben oder aus anderen Gründen nicht zur Toilette gehen möchten. Im Laufe der Zeit führt das zu Störungen des normalen Entleerungsvorganges und fördert die Verstopfung.

Andererseits sollten Sie nicht zur Toilette gehen, wenn Sie überhaupt nicht müssen und auch keinen Stuhldrang empfinden. Versuchen Sie nicht, mit Abführmittel oder langem Pressen Ihren Darm so zu erziehen, daß er sich jeden Morgen regelmäßig entleert.

Wie kann man die Stuhlpassage erleichtern?

Die Sitzhaltung auf der Toilette muß bequem und locker sein. Ein Fußbänkchen unter den Füßen trägt dazu bei. Unter normalen Umständen entleert sich so der Darm von selbst.

Unterstützend kann eine leichte Massage mit knetenden Bewegungen im Bereich der äußeren Bauchdecken wirken. Auch ein mehrmaliges Aufstehen und wieder Hinsetzen hat meist einen positiven Effekt auf den Stuhlgang.

Richtig

Falsch

Starkes Pressen beim Stuhlgang sollte vermieden werden. Dadurch fördert man das Auftreten hämorrhoidaler Beschwerden. Außerdem führt es im Laufe der Zeit zu einer Zerstörung der Beckenboden- und Schließmuskulatur. Dann kann der Stuhl nicht mehr unter Kontrolle gehalten werden, und der Darm tritt aus dem After heraus (Darmvorfall). Auch zu lange »Sitzungen«, bei denen man sich durch andere Dinge ablenken läßt (z.B. Zeitunglesen), können eine Verstopfung begünstigen.

Wovon hängt die Stuhlhäufigkeit ab?

Die Stuhlhäufigkeit hängt von der Art und Menge der Nahrung ab, und davon, wie schnell der Darm arbeitet. So haben ältere Menschen seltener Stuhlgang, weil sie meist weniger essen. Das trifft auch für Personen zu, die Gewicht verlieren oder nicht zunehmen wollen und deshalb kaum etwas essen. Andererseits spielt die persönliche Veranlagung eine Rolle, denn es gibt Menschen - vorwiegend Frauen - bei denen der Darm nur sehr langsam arbeitet und in der Lage ist, größere Stuhlmengen aufzunehmen, ehe es dann alle 3-4 Tage, manchmal auch nur 1mal/ Woche, zum Stuhlgang kommt. Soweit das nicht mit Beschwerden wie Völlegefühl, Blähneigung oder ständigem Stuhldrang verbunden ist, braucht es nicht behandelt zu werden.

Was ist zu tun, wenn der Stuhldrang nicht aufhört?

Manchmal sitzt man nach dem Stuhlgang noch sehr lange auf der Toilette, weil der Stuhldrang nicht aufhören will oder man das Gefühl hat, den Darm nicht richtig entleert zu haben. Oft ist das auf vergrößerte Hämorrhoiden zurückzuführen, die beim Stuhlgang in den Analkanal gepreßt worden sind. Diese lösen einen Reizzustand aus. In diesem Fall sollte man aufstehen und den After zwei- oder dreimal kräftig zusammenkneifen und dabei versuchen, ihn in den Leib hochzuziehen. Meist verschwindet dann der Stuhldrang. Wenn man den Wasserstrahl der Duschtoilette (Closomat) oder der Dusche auf den After richtet, führt das häufig ebenfalls zu einem Nachlassen des Stuhldranges. Auf keinen Fall sollte man weiter pressen oder drücken. Dadurch bewirkt man eher das Gegenteil.

Geformter Stuhl/Stuhlfestigkeit

Der Stuhl sollte weich, aber geformt sein! Ein weicher, gedehnter Stuhl dehnt und trainiert den Analkanal sowie den Schließmuskel, fördert die Durchblutung und beugt damit vielen proktologischen Erkrankungen, wie z.B. dem Hämorrhoidalleiden, vor.

Durch den Dehnungseffekt des geformten Stuhls wird die Abheilung anderer Erkrankungen, wie z.B. Fissur, entzündete Analkrypten oder Wunden nach Operationen, unterstützt.

Breiiger, flüssiger Stuhl

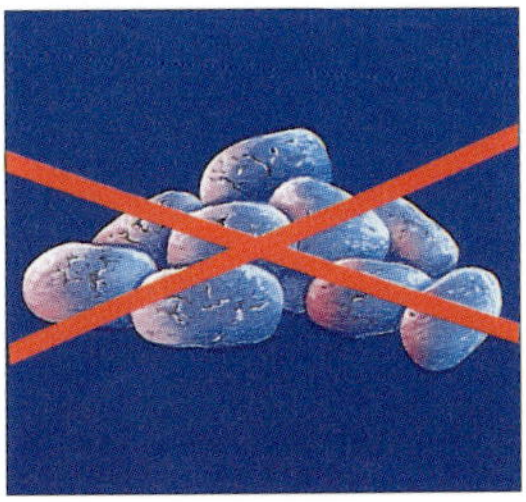

Harter Stuhl

Weicher, aber geformter Stuhl

Es stimmt nicht, daß der Stuhl möglichst weich und breiig sein sollte, um den Analkanal nicht zu verletzen. Ein Stuhl mit einer weichen Beschaffenheit bedeutet keinerlei Dehnung und muskuläre Beanspruchung des Schließmuskels. Der Analkanal wird zunehmend starrwandig, und Verschlußstörungen mit anhaltendem Nässen und Schmieren sind die Folge. Auch setzt sich ein zu weicher Stuhl in allen Vertiefungen und Falten des Analkanals fest und löst damit einen ständigen Reizzustand mit anhaltendem Stuhldrang, Druck oder ziehendem Stechen aus.

Analhygiene

Wie reinige ich den After richtig?

Die Reinigung des Afters nach dem Stuhlgang sollte am besten feucht geschehen. Mit trockenem Toilettenpapier ist es nicht möglich, eine sorgfältige und gleichzeitig schonende Reinigung vorzunehmen. Dann setzen sich in der faltenreichen Haut des Afters kleinste Stuhlreste fest, die ein Analekzem mit Jucken, Brennen und Nässen hervorrufen können.

Eine Duschtoilette (Closomat) bietet die besten Voraussetzungen für eine sorgfältige und gewissenhafte Analhygiene. Dabei wird der After nach jedem Stuhlgang nicht nur durch einen wohltemperierten Wasserstrahl gereinigt, sondern ein in die Toilette eingebauter Fön trocknet die Haut anschließend noch. Besonders ein Patient mit einem empfindlichen After weiß eine Duschtoilette sehr zu schätzen.

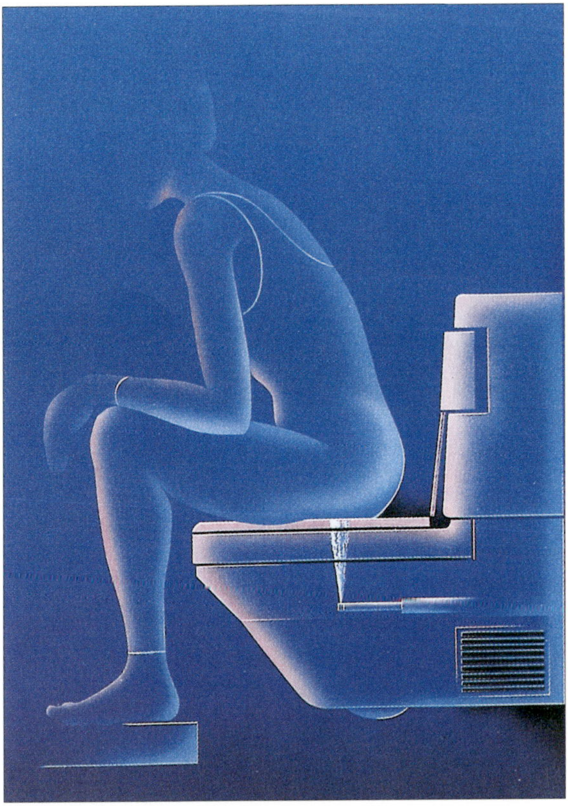

Duschtoilette

Entscheidend bei diesem Reinigungsvorgang ist, daß der Wasserstrahl senkrecht auf den After gerichtet sein muß und nicht etwa schräg von hinten, da das gerade bei Frauen leicht zu einer Verschmutzung und Infektion der Genitalregion führen kann. Unter diesen Gesichtspunkten ist zu verstehen, daß sich die Reinigung auf dem Bidet oder mit der Handbrause nur mit Einschränkungen empfehlen läßt.

Hervorragend hat sich unter dem Wasserhahn angefeuchtetes Toilettenpapier bewährt. Es empfiehlt sich, den After zunächst mit normalem Toilettenpapier grob zu säubern, dann das angefeuchtete Toilettenpapier für die eigentliche Reinigung zu verwenden und abschließend den After trockenzutupfen. Das geschieht nach dem Reinigungsprinzip:

Reinigungsprinzip

- **Trocken**
- **Feucht**
- **Trocken**

Was sollte man meiden?

Die Reinigung des Afters mit Seifen, selbst sogenannten medizinischen Seifen, sollte unterbleiben. Auch Shampoos oder Intimsprays sollten nicht verwendet werden. Man zerstört damit die natürliche Schutzschicht der Haut und verursacht die Ansiedelung von Krankheitskeimen sowie eine mögliche Hautschädigung. Allenfalls kann man auf nicht schäumende Seifen (z.B. Kernseife) zurückgreifen.

Auch die Reinigung nur mit trockenem Toilettenpapier vorzunehmen, ist besonders bei empfindlicher Haut nicht ratsam.

Analhygiene

Der After sollte nicht sauber gerieben oder geputzt, sondern sauber gewaschen werden!

Was schont die Haut?

Nach der Reinigung sollte der After mit Watte, weichem Toilettenpapier oder einem Handtuch trockengetupft und nicht gerieben werden. In manchen Fällen empfiehlt es sich - z.B. bei trockener Haut - nach der Reinigung eine hautpflegende Salbe aufzutragen.

Sehr weicher oder breiiger Stuhl kann 10-20 Minuten später noch etwas nachschmieren. Dadurch wird die Wäsche verschmutzt und die Haut gereizt.

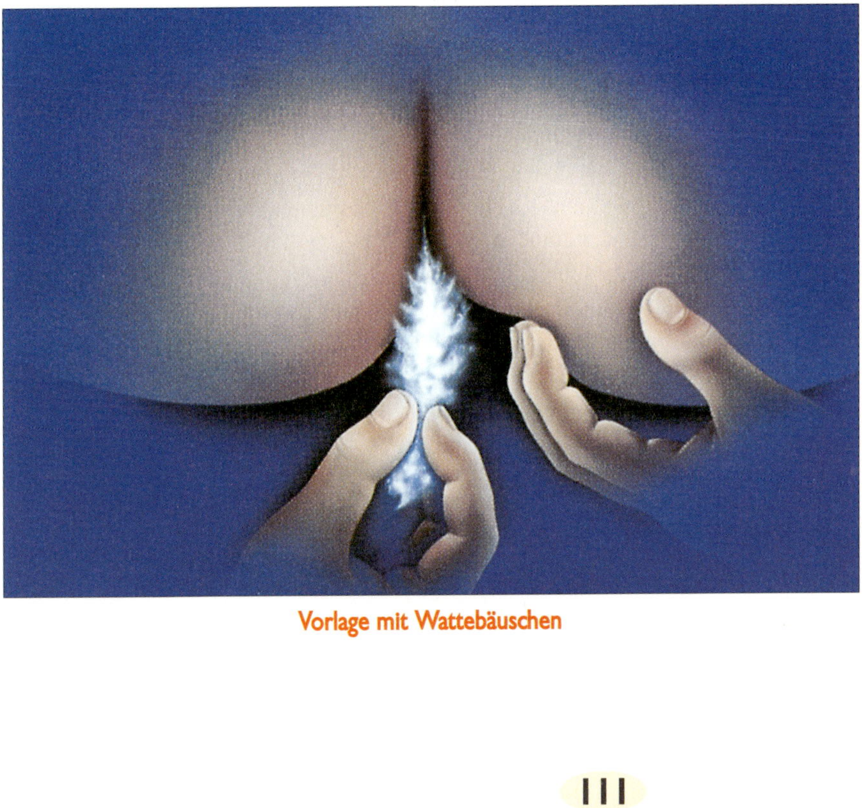

Vorlage mit Wattebäuschen

Hilfe bei gereizter Haut

- erneute Reinigung
- Analvorlagen
- Wattebäusche, die man zwischen den Gesäßhälften vor dem After einklemmt. Das verhindert das Aneinanderreiben der Haut, die Bildung von Schweiß und die Verschmutzung

Bei ständigem Juckreiz oder Brennen

- auf zu enge Kleidung verzichten
- luftdurchlässige Kleidung tragen (Baumwolle, keine synthetischen Stoffe), damit die Haut atmen kann

Bewegung, Gymnastik, Massage

Bewegung

Die Darmtätigkeit wird durch unsere Bauchmuskulatur unterstützt. Körperliche Bewegung mit verstärkter Betätigung der Bauchmuskulatur wirkt sich immer positiv auf die Darmtätigkeit aus.

Körperliche Bewegung

- regelmäßiges Spazierengehen bzw. Wandern
- Treppensteigen
- Radfahren
- Schwimmen
- Joggen oder andere Sportarten

Solche Maßnahmen wirken nicht von heute auf morgen. Oft vergehen mehrere Wochen, bevor sie Wirkung zeigen. Deshalb sollte man nicht sofort aufgeben, wenn der Erfolg auf sich warten läßt.

Gymnastik

Dasselbe trifft für gymnastische Übungen zu, die gezielt auf die Bauchmuskulatur gerichtet sind.

Turnübungen im Liegen

- Anheben der Beine (Abbildung 1)
- langsames Aufrichten des Oberkörpers (Abbildung 2)
- Radfahrbewegungen mit den Beinen in der Luft (Abbildung 3)
- Atemgymnastik (Abbildung 4)

Auch andere Gymnastikübungen sowie autogenes Training sind wichtig, da sie einen positiven Effekt auf die einzelnen Körperfunktionen, speziell die Darmtätigkeit, haben.

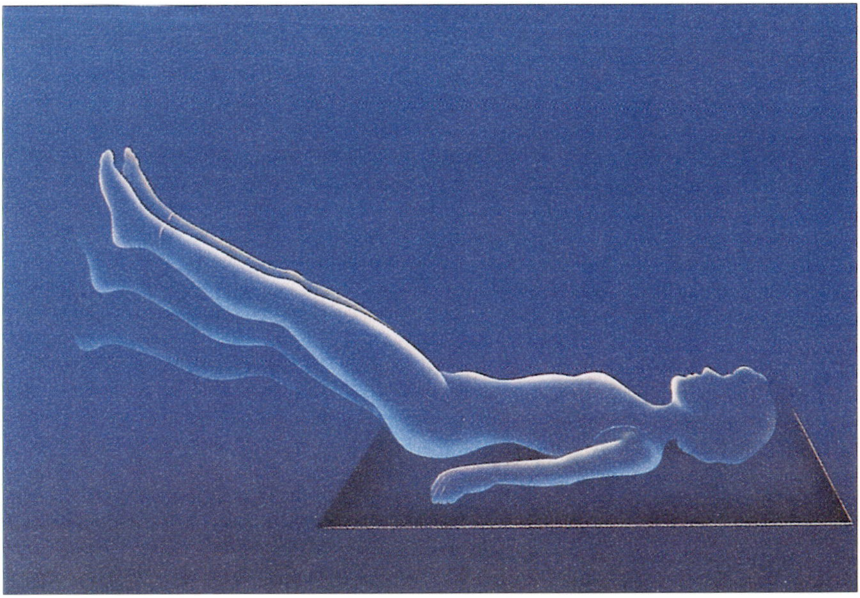

Abbildung 1: Anheben der Beine

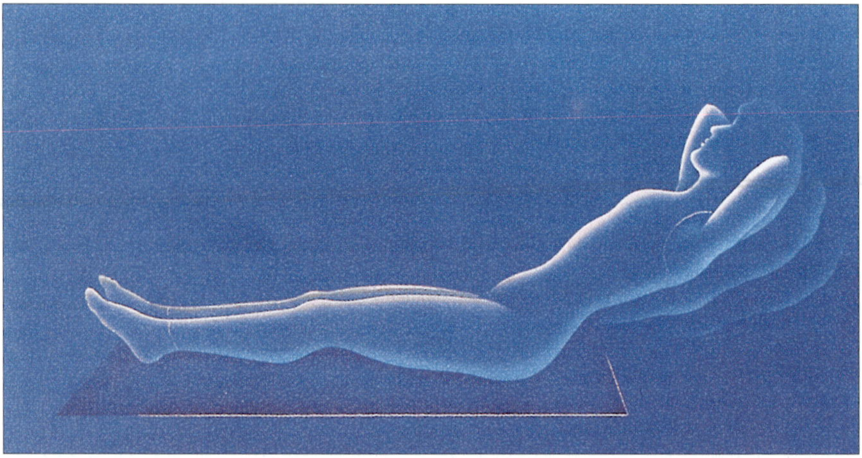

Abbildung 2: Langsames Aufrichten des Oberkörpers

Abbildung 3: Radfahrbewegungen mit den Beinen

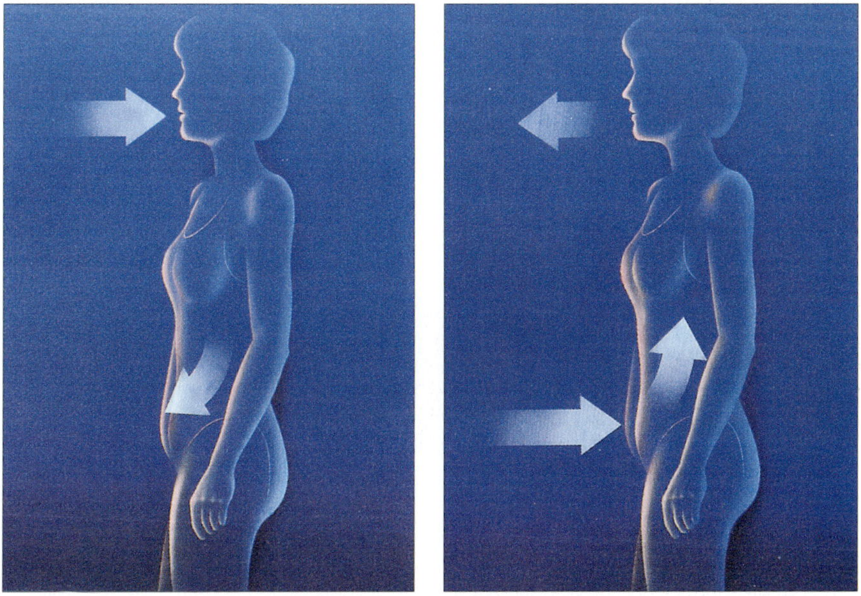

Abbildung 4: Atemgymnastik, Einatmen – Ausatmen

Massage

Massagen, die vorwiegend im linken Unterbauch (Abbildung 5), mit knetenden Bewegungen, etwa fünf Minuten lang durchgeführt werden, können sich sehr günstig auf den Stuhlgang auswirken.

Mit Massagen sollte man schon vor dem morgendlichen Aufstehen beginnen, um so den Stuhldrang zu fördern. Auf der Toilette empfehlen sich solche Massagen ebenfalls.

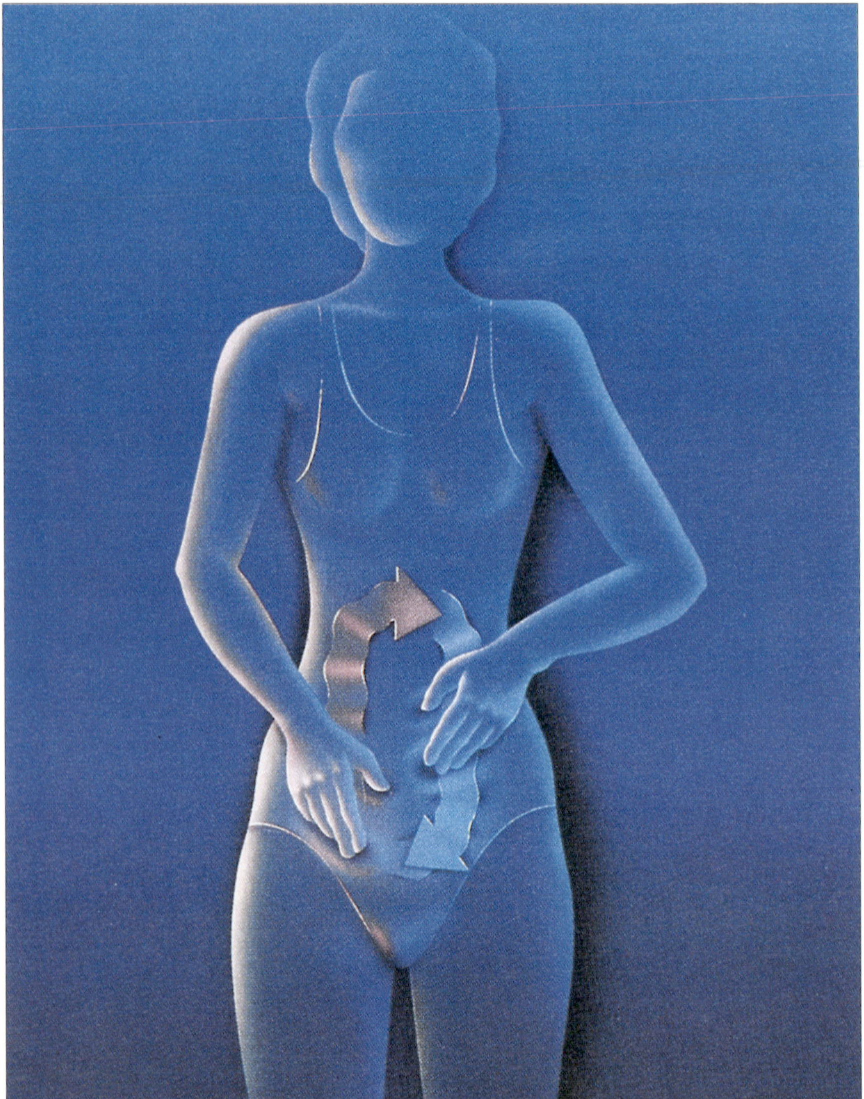

Abbildung 5: Bauchmassage

Medikamente

Salben, Cremes, Pasten

Äußerer Analbereich

Erkrankungen im äußeren Analbereich werden am häufigsten mit Salben, Cremes oder Pasten behandelt. Sie enthalten unterschiedliche Wirksubstanzen, die gezielt eingesetzt werden. Das hängt davon ab, ob es juckt, brennt, näßt oder blutet, aber auch von dem Zustand und der Beschaffenheit der Haut. Mit der Fingerkuppe werden kleinste Mengen ein- bis zweimal pro Tag in die Haut einmassiert. Durch diese Massage verbessert man die Durchblutung und fördert zusätzlich die Abheilung der erkrankten Haut. Nur bei Analrandthrombosen verwendet man zwei- bis dreimal pro Tag größere Salbenmengen, um den Knoten von allen Seiten zu bestreichen.

Analkanal

Wenn Salben, Cremes und Pasten im Analkanal zur Anwendung kommen, ist es am besten, Tuben zu verwenden, die kleine Aufsatzröhrchen mit seitlichen Austrittsöffnungen haben. Damit lassen sich die Salben sehr gut im Analkanal verteilen. Das kommt vorwiegend bei den Erkrankungen in Frage, die zu Schmerzen beim oder nach dem Stuhlgang führen (z.B. Analfissur).

Zäpfchen

Zäpfchen haben ihren Wirkungsbereich im Enddarm. Durch die Körperwärme lösen sie sich dort auf und können entweder sofort und direkt auf entzündliche Prozesse einwirken (z.B. Proktitis) oder sie werden durch die Schleimhaut resorbiert und wirken über den Blutweg. Zäpfchen können bei starken Schmerzen oder schweren entzündlichen Prozessen verwendet werden.

Analtampons

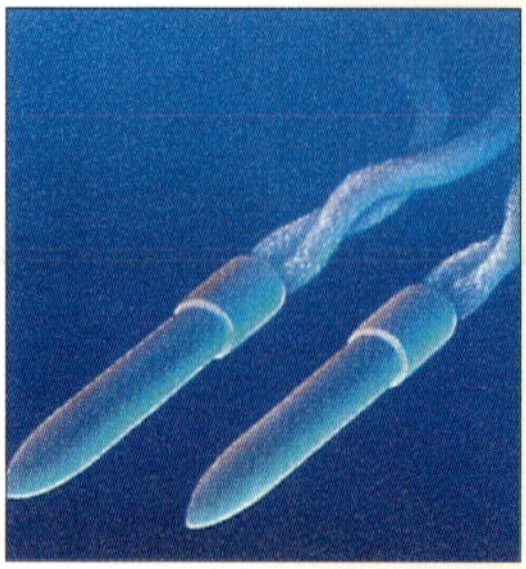

Analtampons sind Zäpfchen, die an ihrem Ende einen Mullstreifen haben. Damit lassen sie sich im Analkanal fixieren, ohne daß sie nach innen oder wieder nach außen aus dem After herausrutschen. Sie werden bei Erkrankungen im Analkanal, z.B. Fissuren, Kryptitis, Hämorrhoiden, am häufigsten eingesetzt. Der Mullstreifen fällt mit dem Stuhlgang wieder aus dem After heraus. Er läßt sich jedoch auch leicht herausziehen.

Einläufe

In den etwas höher gelegenen Darmabschnitten, bis etwa 50cm, kommen Einläufe zur Anwendung. Man setzt sie in erster Linie bei entzündlichen Darmerkrankungen und bei erkrankten Divertikeln ein. Sowohl die Einläufe als auch die Zäpfchen sollten nach dem Stuhlgang oder noch besser zur Nacht genommen werden. Dann können sie möglichst lange wirken.

Tabletten, Dragees, Kapseln

Wenn Erkrankungen oder Beschwerden über den Blutweg behandelt werden sollen, greift man auf diese Medikamente zurück. Es ist wichtig, sie gleichmäßig über den Tag verteilt einzunehmen, um einen ausreichend hohen Wirkspiegel im But zu erreichen. Die Dosierung und Dauer der Behandlung bestimmt der Arzt. Nebenwirkungen können nicht nur bei einer überhöhten Dosierung auftreten.

Therapeutische Hilfsmittel

Sitzbäder mit Kamille, Eichenrinde oder anderen Zusätzen lassen sich am besten in speziellen Toiletteneinsatzschüsseln vornehmen, die sich in jeder Toilette gut fixieren lassen. Nach Operationen im Analbereich empfehlen sich kurzfristig Sitzbäder mit Kamille. Sie wirken säubernd, entzündungshemmend oder krampflösend.

Sitzbäder mit Eichenrinde können bei chronischen Hautveränderungen die Regeneration der Haut unterstützen. Selbstverständlich lassen sich solche Sitzbäder auch im Bidet vornehmen.

Toiletteneinsatzschüssel

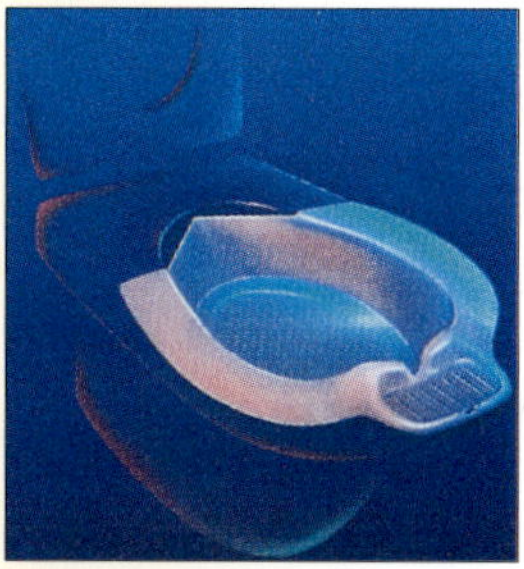

Mit zylinder- oder kegelförmigen Analdehnern behandelt man Erkrankungen, die zu Verkrampfungen oder zu Verengungen des Afters geführt haben. Bei Analfissuren, nach Operationen im Analkanal oder bei narbigen Afterwandveränderungen sollte man auf Analdehner zurückgreifen. Der Analdehner wird dazu mit etwas Salbe bestrichen und mehrfach täglich in den After eingeführt.

Wenn der After sehr eng ist, beginnt man mit dünneren Analdehnern, um danach größere zu verwenden. Selbst wenn die Behandlung etwas schmerzhaft ist, kann man dabei nichts verletzen. Der Erfolg stellt sich meist schon nach einigen Tagen ein und zeigt sich u.a. in einem problemlosen und schmerzfreien Stuhlgang.

Analdehner

Biofeedback-Training

Für ein Biofeedback-Training benötigt man Geräte, die für ein aktives Muskeltraining benutzt werden. Sie zeigen optisch oder akustisch an, wie stark man den Schließmuskel zusammenkneift und ob man es richtig macht. Diese Muskelleistung wird über eine Sonde registriert, die sich leicht wie ein Zäpfchen in den After einführen läßt.

Elektrisches Stimulationsgerät

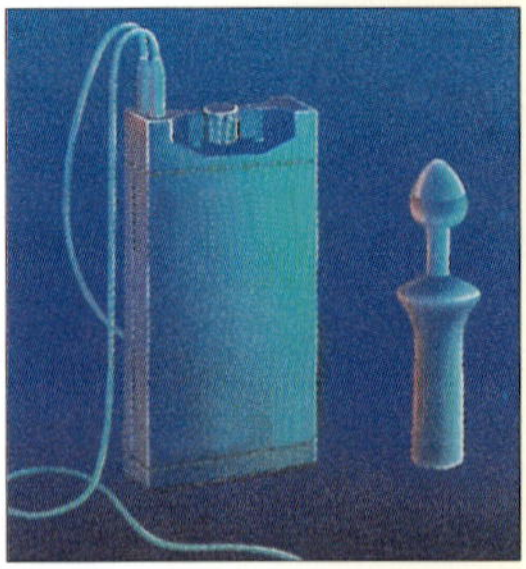

Der Schließmuskel kann auch passiv trainiert werden, ohne daß man sich dabei anstrengen muß. Das ermöglichen kleine, handliche elektrische Stimulationsgeräte, die mit schwachen Stromimpulsen den Schließmuskel trainieren. Auch dieses Schließmuskeltraining erfolgt über eine dünne, in den After eingeführte Sonde.

Abführmittel

Zur Stuhlgangregulierung - insbesondere bei chronischen Verstopfungen - sind Abführmittel nicht geeignet. Dazu zählen alle chemischen und pflanzlichen Produkte in Form von Tabletten, Tropfen, Tees, Zäpfchen oder Einläufen. Auch wenn man damit den Stuhlgang wesentlich erleichtert und Völlegefühl, Blähneigung oder den aufgetriebenen Leib beseitigt, ist das keine Dauerlösung.

Nebenwirkungen

Abführmittel erzwingen die Entleerung des Darmes gegen seinen Willen. Seine normale Funktion wird u.U. auf Dauer gestört, und nicht selten muß die Dosis des Abführmittels mit der Zeit gesteigert werden. Dadurch können andere Organe negativ betroffen werden (z.B. Herz, Nieren, Leber, Kreislauf).

Zäpfchen

Abführmittel sind nur bei akuter Verstopfung z.B. im Urlaub, nach Operationen, bei Bettlägerigkeit oder zur Darmreinigung vor Untersuchungen zu empfehlen. Nur sogenannte stuhlganganregende Zäpfchen sind zur Regulierung des Stuhlganges empfehlenswert. Diese führen im Enddarm zu einer Gasentwicklung und verstärken damit den Stuhldrang. Bei hartnäckiger Verstopfung sollte man zwei bis drei Wochen morgens auf diese Therapieform zurückgreifen. Nebenwirkungen treten nicht auf. Diese Abführreaktion läßt sich auch sehr gut mit Wasserklistieren erreichen, die man sich selbst mit Hilfe eines kleinen Gummiballes verabreicht.

Alternativen

- Ernährung umstellen auf eine ballaststoffreiche Kost
- reichliche Flüssigkeitszufuhr (2-3 l/Tag)
- regelmäßige körperliche Bewegung
- Übergewicht reduzieren

Medizinisch-proktologisches Lexikon

Proktologischer Fachausdruck	Deutscher Begriff	Seite
Afterdrüsen	10–15 kleinste Drüsen zwischen innerem und äußerem Schließmuskel	11
Afterkrebs	bösartige Geschwulst im Analkanal	59
Ambulant	in der Praxis durchführbar	20
Analabszeß	Eiterherd im Afterbereich	34
Analdehner	kegelförmiger Stab zur Dehnungsbehandlung des Afters	27, 119
Analekzem	Entzündung der Haut im Bereich des Afters	36
Analfissur	Afterriß	29
Analkanal (After)	Muskeln, die den Enddarm verschließen	11
Analkrypten	10–15 kleinste taschenförmige Vertiefungen im Analkanal	11f., 43
Analpapillen	kleine zackenartige Knötchen im Analkanal	11f., 45
Analpolypen	vergrößerte Analpapillen	45
Analrand-Thrombose	Blutgerinnsel in den Analrandvenen	47
Analspreizspekulum	Instrument zur Untersuchung des Analkanals	
Analstenose	Verengung des Afters	26
Analtampon	Zäpfchen mit Mullstreifen	69, 118
Anus praeter	künstliche Darmöffnung im Leib	61
Colitis	Dickdarmentzündung	51
Colitis ulcerosa	geschwürige Dickdarmentzündung	51
Colon irritabile	Reizdarm	75
Colonkarzinom	Darmkrebs	58
Condylomata acuminata	Feigwarzen	66
Darmspiegelung	Untersuchung des Darms mit Rektoskop oder Koloskop	15

Proktologischer Fachausdruck	Deutscher Begriff	Seite
Descending perineum Syndrom	Beckenbodentiefstand	49
Diarrhoe	Durchfall	99
Divertikel	Darmwandbruch	64
Ekzem	Entzündung der Haut	36
Endoskopie	Untersuchung des Inneren von Hohlorganen	
Fistel	röhrenförmiger Gang	40
Gummiringligatur	Hämorrhoidenbehandlung mit kleinen Gummiringen	69
Haemocult Test	Untersuchung des Stuhls auf nicht sichtbares Blut	60
Hypertrophiert	vergrößert	45
Ileus	Darmverschluß	84
Koloskop	Instrument zur Untersuchung des Dickdarmes	16
Koloskopie	Spiegelung des Dickdarmes	16
Konsistenz	Festigkeit, Beschaffenheit	
Kryptitis	Entzündung der Analkrypten	43
Lokalanästhesie	örtliche Betäubung	
Marisken	Hautfalten am After	72
Meteorismus	Blähneigung	101
Morbus Crohn	entzündliche Dünn- und Dickdarmerkrankung	51
Obstipation	Verstopfung	96
perianal	im Bereich des Afters	
perianale Fistel	Fistel im Bereich des Afters	41

Proktologischer Fachausdruck	Deutscher Begriff	Seite
Polypen	gutartige Schleimhautknoten	54
Proktalgia fugax	Afterkrampf	83
Proktitis	Schleimhautentzündung im Enddarm	51
Proktologe	Arzt, der speziell After- und Enddarmerkrankungen behandelt	
Proktologie	Lehre über After- und Enddarmerkrankungen	17
Proktoskop	Untersuchungs- und Behandlungsinstrument für Hämorrhoiden	16
Proktoskopie	Untersuchung des Analkanals	16
Prolaps	Vorfall	62
resorbieren	durch die Schleimhaut aufnehmen	
Rektoskop	starres Rohr zur Untersuchung des Enddarmes	16
Rektoskopie	Spiegelung des Enddarmes	16
Rektumkarzinom	Enddarmkrebs, siehe Colonkarzinom	58
Rektumprolaps	Darmvorfall	62
Sakralanästhesie	Betäubung im Bereich des Steißbeins	
Sigma	S- Darm	9
Sigmoidoskop	Instrument zur Untersuchung des Enddarmes und des S-Darmes	
Sinus pilonidalis	Fistelerkrankung im Steißbeinbereich	81
Sklerosierung	Verödung	69
Sklerosierungsmittel	Lösung für die Verödungsbehandlung	
Sphinkterinsuffizienz	Schließmuskelschwäche	78
Steißbein	Ende der Wirbelsäule	
Symptom	Krankheitszeichen	
Tinktur	Lösung	

Über den Autor

Priv. Doz. Dr. med. Wilhelm Brühl ist Facharzt für innere Medizin und Gastroenterologie. Seit über 20 Jahren beschäftigt er sich speziell mit Erkrankungen des After- und des Enddarmbereiches und ist seit 1997 Leiter des Darmzentrums für Schulmedizin und Naturheilverfahren in Exter. In mehr als 100 Veröffentlichungen hat er seine Kenntnisse im Umgang mit Darmerkrankungen verbreitet.

Priv. Doz. Dr. med. Wilhelm Brühl

fit fürs Leben Verlag

Dr. Paul C. Bragg und *Dr. Patricia Bragg* schildern in ihrem »Fasten-Klassiker«, wie jeder Fasteninteressierte seine individuelle Fastendauer herausfinden kann. Durch ihre praxisnahen Anleitungen für kürzere und längere Fastenkuren erleichtern sie auch den Menschen den Einstieg, die sich das Fasten bisher noch nicht zugetraut haben.

Das ganzheitliche Fasten-Programm von *Paul* und *Patricia Bragg* befaßt sich mit dem gesamten Menschen – der Seele, dem Geist und dem Körper. »Wunder des Fastens« liegt jetzt in einer vom Gesundheitspraktiker *Dierk Hüllenhagen* überarbeiteten Ausgabe vor. *Dierk Hüllenhagen* hat auf seinen Fasten-Seminaren zahlreiche Fastende nach dem Bragg-Programm betreut und schildert, welche Probleme während des Fastens auftreten und wie sie bewältigt werden können.

176 Seiten, kartoniert ISBN 3-89526-022-3

Wie können Eltern angesichts der breiten Akzeptanz von Impfungen zu der Entscheidung gelangen, ihre Kinder nicht auf diese durch Nebenwirkungen belastende Weise immunisieren zu lassen? *Cynthia Cournoyer* klärt in ihrem Buch »Impfschutz für Kinder? Risiken und Alternativen« über die tatsächlichen Risiken und den Nutzen des Impfens auf und schlägt homöopathische Mittel zur Immunisierung vor. Für jede Kinderkrankheit, für die es traditionelle Impfstoffe gibt, existieren ho-möopathische Alternativen. Im Gegensatz zu den Seren der Schulmedizin werden homöopathische Impfstoffe stark verdünnt, oral verabreicht und auf die individuellen Bedürfnisse von Kindern und Heranwachsenden ausgerichtet. Auch bei der Behandlung von Impfschäden haben sich homöopathische Behandlungen als erfolgreich erwiesen.

128 Seiten, kartoniert ISBN 3-89526-019-3

»Diabetes von Kindheit an« widmet sich besonders der Lebenssituation von Kindern mit Diabetes mellitus. Es richtet sich an Eltern, Verwandte, Lehrer und Betreuer, die die Situation des diabeteskranken Kindes verstehen und ihm helfen wollen, die Lenkung der Therapie in die eigenen Hände zu nehmen. Hobbys, Reisen und Sport sind heutzutage selbstverständlich für Diabetiker, und besonders für betroffene Kinder sind altersgerechte Aktivitäten wichtig. Dies erfordert allerdings ein fundiertes Grundwissen über die Stoffwechselprozesse des Körpers sowie die Beachtung der sich daraus ergebenden Spielregeln. *Dr. med. Storm* informiert über die Behandlung mit Insulin, über Ernährung, Sport und Stoffwechselselbstkontrolle und läßt Erwachsene und Kinder zu Wort kommen, die von ihren Erfahrungen mit Diabetes berichten.

128 Seiten, kartoniert ISBN 3-89526-020-7

Erhältlich in jeder Buchhandlung. Fordern Sie unser Gesamtverzeichnis an:
Stendorfer Straße 3 · 27721 Ritterhude · Tel. 04292 - 816344 · Fax 04292 - 816329

fit fürs Leben

Gesundheit unter einem Dach

Fit fürs Leben hat es sich zur Aufgabe gemacht, eine natürliche Lebensweise zu fördern: Wir zeigen Ihnen Wege auf, wie Sie Ihre natürlichen Ressourcen reaktivieren und eigenverantwortlich mit Ihrer Gesundheit umgehen können und stehen Ihnen bei Bedarf mit gutem Rat zur Seite.

Fit fürs Leben-Infodienst
Stendorfer Straße 3
27721 Ritterhude
Telefon 0 42 92 - 81 63 10
Fax 0 42 92 - 81 63 29

Seeschlößchen Dreibergen
Deutschlands erstes »Fit fürs Leben-Hotel« liegt an der Sonnenseite des Zwischenahner Meeres.

Fit fürs Leben- und Waldthausen Verlag
Veröffentlichen Bücher zu wichtigen Gesundheits themen wie bewußte Ernährung, natürliche Lebensweise, reines Wasser und alternative Medizin

Bionika Versand
Vielseitiges Sortiment mit praktischen und gesunden Dingen, die für eine vitale Lebensweise im Einklang mit der Natur wichtig sind und das Leben lebenswert machen.

Fit fürs Leben-Magazin
Bietet den Lesern sechsmal jährlich aktuelle Tips, Berichte und Reportagen rund um eine natürlich Lebensweise und allgemeine Umweltfragen.

Fit fürs Leben-Kolleg
Das »Fit fürs Leben-Kolleg« bietet allen InteressentInnen eine umfangreiche Auswahl an Ausbildungen, Fernlehrgängen, Seminaren und Vorträgen zum Thema »Ganzheitliche Gesundheit« an.